村岡到 編著
澤藤統一郎／西川伸一／鈴木富雄

壊憲か、活憲か

ロゴス

まえがき

昨年九月一九日に安保法制（戦争法）の強行採決を主導した安倍晋三首相は、「私の在任中に〈改憲を〉成し遂げたい」と繰り返している（三月二日、参議院予算委員会、など）。

自民党は、二〇一二年四月に『日本国憲法改正草案』を公表した（谷垣禎一総裁）。

この『日本国憲法改正草案』の危険な本質は、第二一条の壊憲にもっとも露わである。そこでは、現在の第二一条（第1項）「集会、結社及び言論、出版その他一切の表現の自由は、これを保障する」はそのまま残すが、第2項の「検閲」「通信の秘密」を削除して、「前項の規定にかかわらず、公益及び公の秩序を害することを目的とした活動〈は〉……認められない」を新設する。「前項の規定にかかわらず」が急所である。この一句によって、第1項は基本的に骨抜きとなり、民主政の根幹である「表現の自由」は抹殺される。

他にも、第九八条に「緊急事態の宣言」を新設し、第九条に「国防軍」を新設し、第一条で「天皇は元首」と定め、第九三条で「地方自治」を骨抜きにし、「基本的人権」を「永久の権利」とする現憲法第九七条を全面的に削除するなど、現在の憲法の基本的原則（本書、一〇頁）を根本的に破壊しようとしている。

戦争法は半年後に施行されたが、市民による戦争法廃止の闘いは依然として全国で大きな規模で展開されている。そこでは「立憲主義」が強調されている。だが、この言葉は、少し前まではほとんど使われていなかった。憲法について真正面から考え、自らの生活や活動のなかで活かす努力は不十分だったのではないか。この反省のなかから、私は、「壊憲か、活憲か」を基軸として、憲法について明らかにしなければならないと考えるようになった。

すでに自民党の『日本国憲法改正草案』に対しては、多くの批判が提出されている。このブックレットでは、それらとは異なる角度から問題を提起する。

この小さな本は、この危険な壊憲策動に対して、憲法はなぜ大切なのか（村岡到論文）、岩手靖国訴訟を例にした訴訟を手段として憲法を活かす活動（澤藤統一郎論文）、自民党は立党いらい「改憲」を一貫して掲げていたのか（西川伸一論文）、さらに今から一四〇年以上も前の明治維新の時代に千葉卓三郎によって書かれていた憲法案の先駆性（鈴木富雄論文）について明らかにする。

ぜひとも、一読のうえ検討・批判してほしいと切望する。

二〇一六年四月六日

村岡　到

壊憲か、活憲か　目次

目次

表紙写真：井口義友
大鷲　撮影場所　別海町本別海

〈友愛〉を基軸に活憲を

村岡　到

はじめに　〈活憲〉の広がり

硬い内容にならざるをえないので、最初は言葉のクイズから始めよう。憲法の「憲」の付く熟語をいくつ知っていますか？　誰もが知っているのは、賛否は別にして「護憲」だろう。「憲法を守る」を二文字にすれば「守憲」となるが、「主権」と同音なので、「護る」を選んだのであろう。その対極に「改憲」があると思われている。だが、いわば左からの「改憲」（後述）もあり得るので、「護憲」の対極は「壊憲」のほうが分かりやすい。「違憲」は、憲法に違反していることを意味する。「違憲立法審査権」は法律用語である。「違憲」の反対は「合憲」。公明党は「加憲」と主張している。近年は「立憲主義」が流行り言葉になっている（第5節）。「活憲」＝「憲法を活かす」も浮上しつつある。「婚活」になぞらえて「憲活」という人もいる（社民党の吉田忠智党首）。「創憲」を見ることもあるが、「送検」されることを好む人はいない。憲兵はもういないが、憲政記念館はある。

今や国会議員がわずか五人となった社民党の前身である社会党は最盛期には二五〇人も議員がいたが、一九九六年に解党するまで自他ともに「護憲の社会党」と称していた。そのころは、日本共産党はけっして「護憲」とは言わなかった。社会党が解党した後、共産党は「護憲」と言うようになった。だが、「活憲」は好まないようである。だから、ほとんどの場合に「憲法を生かす」と表記する。「生かす」だと「生憲」となるが、これでは「政権」と紛らわしいから、こう書く人はいない。「制憲」の二文字はほとんど使われないが「制憲会議」はある。

しかし、共産党系の運動でも「活かす」が使われることがある。前回の参院選挙の応援記事のなかで、コメディアンの松元ヒロ氏が一言寄せていて、その見出しが「憲法を守り活かす」となっている（二〇一三年七月一六日）。翌年、「赤旗」の一面に「活憲」の小見出しが出現した。「インタビュー『戦争する国』許さない」の連載で、国際基督教大学教授の千葉真氏が「私は『護憲』ではなく『活憲』を主張しています」と語り、その小見出しに「『活憲』の立場を」と付けられた（四月二九日）。さらに昨年、「赤旗」の広告に『憲法を守り活かす力はどこに』というタイトルの著作が掲載された（宮下和裕著、自治体研究所。二〇一五年九月一五日）。

「活かす」の広がりに抗して（？）、こんな工夫も編み出されている。二〇一四年五月にスタートした市民団体の名称は「戦争する国づくりストップ！憲法を守り・いかす共同センター」となっている。その延長として、昨年一一月に呼びかけられた、安倍晋三首相などに宛てた「戦争法の廃止を求める統一署名」の「請願事項」の二つ目は、「立憲主義の原則を堅持し、憲法9条を守り、いかしてください」となっている（請願事項は二項だけ）。「いかす」とひらがな表記にしているのは、苦肉の策と言える。「漢字でどう書くの？」と聞かれたら、どう答えるのだろうか。

また、「守り」だけ漢字なのは不都合と思うのか、二つともひらがなにする例もある。全労連・労教協編の『学習の友　春闘別冊』の巻頭論文は、「憲法をまもりいかす『二つの共同』と大幅賃上げ」というタイトルとなっている。筆者は井上久氏。そして、これは「赤旗」の広告にもなっている（二〇一六年一月一八日）。

このような無駄な努力は止めて、「活かす」あるいは「活憲」と拘りなく表記したほうがよい。

第1節　〈活憲〉の意味

誰が主張していたのかは二次的問題にすぎないが、もっとも問題にすべきことは、「護憲」は文字通り「護る」（守る）という守勢を不可避的に帯びることになる点である。「第九条を守る」が主要な中身となる。主要というよりはほとんど、あるいは圧倒的に第九条だけがクローズアップされる。この守勢のニュアンスを突破するためには、「護憲」よりも積極的な意味を込めて〈活かす〉＝〈活憲〉が良い。日本語の常識というレベルで、「殺すかいかすか」なら「生かす」と書くし、「いき残る」なら「生き残る」と書く。しかし、憲法は「活用」したほうがよいから、「活かす」のほうがよい。〈活憲〉は、誰の創語かは分からないが、前から使われている。

もっとも重要なことは、〈活憲〉と主張することによって、何を明らかにするのか、である。私は、二〇〇九年に『生存権所得――憲法一六八条を活かす』を著した。憲法は一〇三条までしかないのに、一六八条とは奇異に感じるだろうが、第九条、第一四条、第二五条、第二八条、第九二条の五つを足すと一六八条となる。「イロハ」とも言えるので、こう表現した。第九条は非武装、第一四条は法の下の平等、第二五条は生存権、第二八条は勤労者の権利、第九二条は地方自治である。二〇一三年末に特定秘密保護法が制定される情勢のなかで第二一条の「表現の自由」がクローズアップされたように、この語呂合わせはいささか軽薄だったが、前記の五つの条文が重要で核心的であることに変わりはない。この著作の四年後に書いた「〈活憲左派〉の意味」では「断るまでもなく、憲法には第一一条の基本的人権、第一三条の幸福追求権、第二一条の表現の自由、第二四条の両性の平等、など大切な条文があり、それぞれが……生活の体験と思索のなかで深めればよい」と補足した。第二〇条は「信教の自由」と国家の「宗教的活動」の禁止を定めた。

ここでは各条項について説明する余裕はないので、同書をぜひ一読ねがいたいが、非正規労働者が雇用人口の四〇%にも増え、労働者が使い捨てられ、劣悪な労働条件が広がっているなかで、特に第二八条の「勤労者の権利」の重要性についてだけ注意を喚起したい。労働組合活動の中軸に位置づけられる必要がある。なぜ、一般の国民とは別に「勤労者」についてだけ特別に「権利」を認め定めているのか。「勤労者」の特別扱いは、第一四条とバッティングするのではないか。そうではない。「労働力商品」を売ることによってだけ生活を維持できる労働者は、「労働力商品」を買う資本家よりも劣位にあるから、特別にその権理を明確にする必要がある。そうしないと、資本家の権理無視の横暴を許すことになるからである。

なぜ、憲法議論のなかで、第二八条がほとんど話題にならないのか。現実には、憲法という抽象的レベルよりは、具体的な個別の労働条件をめぐるせめぎあいこそが争点になっているのであろうが、その根底、あるは土台として、憲法上の〈権理〉というレベルにおいても明確な意識・自覚が必要である。労働組合活動のなかで第二八条が大きく取り上げられれば、憲法闘争との結合も容易となる。

なお、〈権理〉について一言。明治時代の初めに、right の訳語として「権利」が定着したのだが、自由民権運動の指導者たちは「権義」や「権理」と訳していた。福沢諭吉は『学問のすすめ』で「権理」とした。なお、明治維新当時の日本では、「我邦においては古来、人民に権利があるなどということは夢にも見ることがなかった」というのが有識者の常識であった（『連帯社会主義の政治理論』一三六頁）。私は一九九九年に『協議型社会主義の模索』で、利益、利害を連想する「権利」よりも、真理、理、理想につながる〈権理〉のほうがよいと提起した（八頁、八〇頁）。放送大学の講師を務める法学者の長谷川晃氏が「コラム　権利と権理」を立てて、二つの言葉の違いと意味を説明している（道幸哲也・加藤智章『市民社会と法』放送大学教育振興会、二〇一二年、三三頁。一六頁）。

第2節　憲法の意義

法学者・尾高朝雄は、敗戦直後の一九四七年に著した名著『法の窮極に在るもの』[注1]（有斐閣）の書き出しを「法と人間生活との間には、考へ〔え〕れば考えるほど深い関係がある」と始めていた（一頁。以降、仮名遣いは変更）。法学の類書を読めば、「社会あるところ法あり」という法諺が目に入る。マルクス主義や唯物史観を知っている人なら、「生産が出発点である」というマルクスの言葉（『経済学批判』青木文庫、一九五一年、二八七頁）のほうを憶えていて、社会の土台は経済なのだと反発するかもしれない。だが、当時、左翼からは「反動的」と評されていた東大法学部教授の尾高は、経済の重要性を見落としていたわけではない。「人間の生活は根本において経済生活である。精神生活も、文化生活も、道徳に精進する生活も、その基礎を成す経済生活を離れては成立しない」（一七頁）とはっきり認めている。尾高は「唯物史観の論旨」（一八頁）を肯定的に認め、「唯物史観は、……社会組織の『上部構造』と……『下部構造』との緊密な『相互作用』を認めている点では、おそらく何人も異存のない真理をとらえたものといってよい。……社会の動態観の上に革新的な転換をもたらしたものといわなければならない」（一九四～一九五頁）とまで評価した。そのうえで、経済と政治の相互関係を次のように明らかにした。

「法の窮極に在るものを現実の方向に向かって追求していくと、人は必ず経済の地盤に突きあたるのであるが、問題を解決する根本の力は、この地盤それ自体の中に存するのではなく、そこからもう一度跳ねかえって政治の中に求められなければならないのである。ところが、政治には理念がある。政治は理念と現実とを媒介するものである」（二一頁）。さらに、「理念の方向に向かう」と、「文化的領域」＝「道徳」と「宗教」に「突きあたる」と、尾高はその重層的な関係を深く捉えようとしていた。

この難問は永遠に問われ続けるだろうが、浅学な私にも明確なことは、「社会あるところ法あり」という法諺が秘めている大切な真実を見失ってはいけないという要点である。『資本論』「序言」に書いてある「鉄の必然性」（新日本出版社、九頁）＝「歴史の必然性」なるものに惹かれて、政治学や法学を学ぶことなく経済決定論に陥ってはならない。

さらに、「日本国憲法」もその一つである近代社会の憲法について明らかにしなくてはならない。『生存権所得』から引用符なしで借りてこよう（二六頁）。

一九二一～二三年にワイマール共和国の司法大臣にもなった、法学者のグスタフ・ラートブルフが〔一九二九年に〕先駆的に明らかにしたように、「ブルジョアジーは自由を法の形式で要求したために、この自由は万人のための自由となった」（小林直樹『憲法の構成原理』東京大学出版会、一九六一年、三一八頁から）。そして〔尾高の高弟〕小林氏が『憲法の構成原理』で明確に強調しているように、ここにこそ、近代デモクラシー（民主政）の核心がある。「国民主権は、少なくも建前の上では、万人に法の下での平等と自由を解放し、参政の権利を与えたために、ひとつの階級による・憲法の永続的な独占を不可能にしてしまった」（二九頁）のである。

だから、「『憲法は要するに階級支配の道具だ』という極論」（同）は、近代の憲法については当てはまらなくなった。小林氏は、第九八条を確認し、第九九条（「憲法を尊重し擁護する義務」）を引いたうえで、「憲法のひとつの主要目的が、統治者に鎖をつなぐ」ことにあると明確にし、さらに「しかし、それによって、憲法が国民に対する法ではないというならば、重大な誤解に導くことになろう」（二一頁）と注意している。「国の基本法は、全国民にも積極的な順守を要求すると言わなくてはならない」（二二頁）。第一二条には「この憲法が国民に保障する自由及び権利は、国民の不断の努力によつて、これを保持しなければならない」と書いてある（後段に「公共の福祉」）。

私は、この引用の少し後に「小林氏がこの『極論』について『マルクス主義の』と明記しなかったのは、マルクス主義への妥協であろう」とも指摘した。この「極論」を主張しているのは、左翼、あるいはマルクス主義者だけであり、本来ならば、「左翼の極論」とか「マルクス主義の極論」と書くべきであった。左翼やマルクス主義者が、今日とは比べることが出来ないほどに強い影響力を保持していた時代の限界である。

この小林氏の文章には二つの重要な認識が示されている。一つは「憲法は要するに階級支配の道具だ」という見方が誤っていること、もう一つは「国の基本法は、全国民にも積極的な順守を要求する」という認識である。この後者の一文の主語が「憲法」ではなく、「国の基本法」とされ、文末が「と言わなくてはならない」と控え目なのは、左翼のなかでは「国民には憲法を守る義務はない」という、次節で取り上げる論調が強かったことへの配慮であろう。

法学者の樋口陽一氏は、『日本国憲法　まっとうに議論するために』（みすず書房、二〇〇六年）で、第一二条に関連して「『国民』は憲法によって縛られる立場にある」（一二頁）と説明している。「縛られる」というのだから、義務を負うと考えてもよい。

社会福祉論の井上英夫氏は、「赤旗」の「憲法施行60年　いま言いたい」という連載で第一二条をあげて「国民に対して、憲法を守り、発展させるという厳しい義務を課しているのです」（二〇〇七年五月一〇日。傍点は村岡）ときっぱりと話していた。

一九四五年の敗戦後の日本国憲法の制定過程については、この小論では省略する。安倍晋三首相は、憲法の内実に触れることなく、「押し付け憲法」論を繰り返しているが、〈敗戦〉という重大な歴史的事実を無視してはいけない。内実に着目すれば、例えば、第九条の「戦争の放棄」は幣原喜重郎首相が提案したのであり、第二五条の「生存権」は、森戸辰男などの努力が実ったのである。社会統計学者の高野岩三郎や憲法史研究の鈴木安蔵らが創った憲法研究会が敗戦の年末に発表した「憲法草案要綱」に、森戸の主張によって「生存権」が書き込まれ、ＧＨＱの原案には無かったが、取り入れられ明記されることになった（NHKのETV特集「いま憲法25条生存権を考える」二〇〇九年五月三日）。戦前に獄中に囚われた森戸は入獄の日の朝に「訳者序」を記した、アントン・メンガーの訳書『全労働収益権史論』（弘文堂書房、一九二四年）を訳出していた。メンガーは、「生存権」を「社会主義」の基軸として強調した（一四〜一九頁）。

『生存権所得』では、次のように確認した。

憲法前文は……「全世界の国民が……平和のうちに生存する権利を有することを確認する」とし、「政治道徳の法則は、普遍的なもの」と確認したあとで、「日本国民は、国家の名誉にかけ、全力をあげてこの崇高な理想と目的を達成することを誓ふ」という一句で結ばれている。……もう一つは第九七条である。そこには「基本的人権は……将来の国民に対し、侵すことのできない永久の権利として信託されたものである」と明記されている。

人間は、社会のなかでだけ生きてゆくことができる。ごく稀に動物によって育てられた子どもの例が話題になるが、それらは例外である。私は、『生存権所得』の「第2章　左翼における憲法の軽視」を次のように結んだ。

人間は、自分の死に場所を選ぶことは一定の範囲で可能であるが、自分が生まれる時と場所を自分で選択することはできない。この冷厳な不動の事実・真理は、人間に過去の歴史を背負うことを宿命的に課している。自分勝手に好きなように生きることはできない。そうであれば、その深く厚い清濁合わせた混沌のなかから、自然の理法に調和する、理性の光によって濾過された積極的な成果をこそ継承しなくてはならない。だから、憲法はとても大切なのである。

第3節　憲法や「市民」を軽視してきた左翼

「はじめに」で触れたように、「護憲の社会党」に対して、共産党や今や見る影も無きに等しい新左翼は「護憲」とは言わず、憲法を軽視してきた。本節では、左翼が憲法や「市民」を軽視してきたことを明らかにする。この問題については、『生存権所得』の「第2章　左翼における憲法の軽視」で論じたので、参照してほしいが、ここではその「第6節　国民には『憲法を守る義務はない』のか」から引用する（四四頁以下）。

改憲に反対する勢力のなかには、根強く「国民には憲法を守る義務はない」と思っている傾向が残っている。この声を裏付ける研究者の意見も多い。

奥平康弘・杉原泰雄編『憲法を学ぶ』（有斐閣、一九七四年）の「初版はしがき」には「憲法規範は、基本的には国家権力にむけられたものであり」（iii頁）と書いてある。これが通説である。「基本的には」と形容・限定されており、この限りではストレートに「国民には憲法を守る義務はない」とまで同時に結論されるわけではないが、この結論と対立することはないし、両者は親和的とも言える。この延長上に、次のような意見が出てくる。

この著作にも書いているし、九条の会でも活躍している政治学者の渡辺治氏は、憲法についての何冊もの本を書いているが、『憲法「改正」』（旬報社、二〇〇五年）で、「憲法の規定というものは、その理想の実現に向けて政治や社会を変えていくよう、国家や大企業などの社会的権力を義務づけている規範です」（二四頁）と説明している。ここには「基本的には」という限定はない。

さらに、講演会などでも積極的に活動している伊藤塾の伊藤真氏は、『伊藤真の明解！日本国憲法』（ナツメ社、二〇〇四年）の冒頭で「法律は国民の権利を制限するもの、……憲法は国家権力を制限するもの、つまり国家の側に向けられたものなんだ」（一二頁）と、説明している。「国民には憲法を守る義務はない」とほぼ同じくなる。

だから、『憲法は、政府に対する命令である』（平凡社、二〇〇六年）などというタイトルの本まで刊行されている。著者のダグラス・ラミスは憲法学者ではないが、広告には「改憲論者の虚妄を撃ち」と書かれている。

「赤旗」は二〇〇七年五月に「憲法施行60年　いま言いたい」という連載を企画したが、そこで法学の愛敬浩二氏は「第九九条に『国民』が含まれていないことが重要です」（五月二日）と言い、「国民は憲法を守る立場ではなく、守らせる立場にある」と話している。愛敬氏は、冒頭で「憲法の中で僕の最も好きな条文は、憲法九九条の……規定です」とまで強調している。実は、この愛敬氏の発言は、前節で引用した井上英夫氏の八日前に掲載された。

ブックレット12　　村岡到編

『壊憲か、活憲か』の出版を記念して討論会を開きますので、ご参加ください。

『壊憲か、活憲か』出版記念討論会

日　時：９月３日（土）午後１時30分〜
場　所：明治大学リバティタワー６階（1064教室）
参加費：７００円
報告者：村岡　到　　澤藤統一郎
　　　　西川伸一　　鈴木富雄
司　会：平岡　厚
主　催：ロゴス

愛敬氏のように「国民には憲法を守る義務はない」の論拠として、憲法第九九条が挙げられることが多い。「天皇又は摂政及び国務大臣、国会議員、裁判官その他の公務員は、この憲法を尊重し擁護する義務を負ふ」と書いてあるからである（ダグラスの本の広告にも引用）。そこには「国民」と書かれていないから、「国民には憲法を守る義務はない」というわけである。だが、為政者は、一般の国民以上に「憲法を尊重し擁護する義務を負う」と理解するのが正解である。

第九九条を論拠にするのなら、前記のいくつかの著作には引用もされていないが、すぐ前の第九八条にある「この憲法は、国の最高法規であつて」を忘れないでほしい。

さらに決定的な疑問は、憲法第二六条の「普通教育を受けさせる義務」、第二七条の「すべて国民は、勤労の権利を有し、義務を負ふ」、第三〇条の国民の「納税の義務」は憲法の条文――渡辺流だと「憲法の規定というもの」ではないというのか。第一二条には前記のように「この憲法が国民に保障する自由及び権利は、国民の不断の努力によつて、これを保持しなければならない」と書いてある。だから、奥平と杉原氏は「基本的には」と限定したのであろう。

次に、「市民」を、左翼が長くどのように理解＝反発してきたのかについて確認しよう。

昨年の戦争法反対運動の一定の高揚を基礎にして、「市民革命」なる言葉が浮上しているが、積年にわたって左翼の中では「市民」は禁句に近い扱いを受けてきた。この問題については、私は二〇〇〇年に「なぜ〈労働者・市民〉と定立するのか」で明らかにしたので、そこから再述する。

私は「第一節　『市民』を嫌う日本左翼とマルクス主義」で次のように書いた。

「市民」は、日本の左翼運動のなかでは伝統的に嫌われ、蔑まれる言葉となっていた。一九六〇年の安保闘争の高揚のなかで、「市民運動」が注目を浴びたが、左翼は「私は市民ではなく、都民です」と言う主婦の発言をあげて、「市民主義」を蔑んだ。敗戦直後に法学の分野で活躍した（前出の）鈴木安蔵は一九五三年に『史的唯物論と政治学』（勁草書房）で「プロレタリアートは、市民的な政治学を必要としない」（一六三頁）と書いた。「市民」は排斥されていたのである。「市民」に対するこの嫌悪感は、レーニン全集の索引を見るとわかる。レーニンは「市民」と書くこともあるのに、そこには「市民」の項目はない。レーニンの背後にはマルクスが立っていた。マルクスは「市民」や「市民的権理」を軽視し、「階級対立」を強調した。だから、共産党の綱領には「市民」は登場しない。「勤労市民」とは書かれている。

一九九二年に刊行された共産党系の『社会科学総合辞典』（新日本出版社）には「市民」の項目はないが、「市民主義」の項目には、「社会を抽象的で超階級的な『市民』からなるものとみなすため……階級的なたたかい……を軽視ないし否定し」と説明されている。

これが日本左翼の常識となっていた。その根底には、『共産党宣言』冒頭の「歴史は階級闘争の歴史である」とか、「法律はブルジョア的偏見である」とか「政府はブルジョアジーの委員会にすぎない」という断定があった。レーニンは『国家と革命』で「被抑圧階級を搾取する道具としての国家」と強調した。一言でいえば、「階級国家」論である。この教条が孫悟空の頭に嵌められた環のように作用して、マルクス主義者は近代の民主政の核心を認識できずに反発し見失ったのである。ただし、「階級国家」論は、近代以前の社会については有効である。

第4節　共産党の憲法認識の揺れ、確たる転換を

近年、安倍晋三首相による壊憲策動に反対する動向のなかで、にわかに「立憲主義」の四文字が急浮上して頻発されている。共産党も「立憲主義」を肯定的に主張するようになってきた。実はさらに憲法第一三条の「個人の尊厳」や「法の支配」についてまで主張するようになった。そこで、共産党の憲法認識について検討する。「立憲主義」については、次節で取り上げる。

現下の反動的情勢において「左翼」として存続し勢力を保持して、国政においても一定の位置を占めて活動しているのは共産党だけなので、その憲法認識を検討することには特別の意味がある。まず、二〇〇四年に不破哲三議長の主導のもとに大改訂された綱領で、憲法はどのように扱われているのか。綱領の「二、現在の日本社会の特質」で次のように記述している。

「第二次世界大戦後の日本では、いくつかの大きな変化が起こった」として、その「第一は、日本の政治制度における、天皇絶対の専制政治から、主権在民を原則とする民主政治への変化である。この変化を代表〔?・表現〕したのは、一九四七年に施行された日本国憲法である。この憲

法は、主権在民、戦争の放棄、国民の基本的人権、国権の最高機関としての国会の地位、地方自治など、民主政治の柱となる一連の民主的平和的な条項を定めた。形を変えて天皇制の存続を認めた天皇条項は、民主主義の徹底に逆行する弱点を残したものだったが、そこでも、天皇は『国政に関する権能を有しない』ことなどの制限条項が明記された。

この変化によって、日本の政治史上はじめて、国民の多数の意思にもとづき、国会を通じて、社会の進歩と変革を進めるという道すじが、制度面で準備されることになった」。

さらに、「四、民主主義革命と民主連合政府」では、「現行憲法の前文をふくむ全条項をまもり、とくに平和的民主的諸条項の完全実施をめざす」と明らかにした。

改訂前の綱領では、「現行憲法は、……主権在民の立場にたった民主的平和的な条項をもつと同時に、天皇条項などの反動的なものを残している」とだけしか書いてなかった。憲法に触れたのはこの一カ所だけであった。だから、この改訂は前進ではある。だが、と逆接しなくてはいけないのは残念であるが、この新綱領でも憲法認識はきわめて不十分である。

第一に、共産党が創立された日は、綱領の冒頭に「一九二二年七月一五日」と明記されているのに、憲法については「一九四七年に施行された日本国憲法」とされ月日は書かれていない。

第二に、憲法の条文はわずかに、自衛隊に関連して、「憲法第九条の完全実施（自衛隊の解消）に向かっての前進をはかる」という文脈に、第九条が出てくるだけで、その他の条文はまったく言及されない（前記のように「天皇条項」と「憲法の前文をふくむ全条項をまもり」とは書かれている）。

　これではとても憲法を重要視しているとは評価しがたい。

　このように、この綱領には、最近になって「赤旗」に書かれるようになった「立憲主義」「個人の尊厳」「法の支配」という三つのキー概念は存在しない。私が前から指摘しているように、「生存権」すら書いてない。改訂前の綱領では「生存の自由」という不自由な言葉を使っていた。

　志位和夫委員長は、この綱領の限界に気づいて、そこからの脱却を図ろうとしているようである。今年の「党旗びらきあいさつ」（『国民の新たな歩みと政治の変革』に収録）がよく示している。「党旗びらきあいさつ」の最初の節は「開始された日本国民の新たな歩み」と立てられ、その最初の項目は「日本の歴史でも初めての市民革命的な動きが開始された」となっている。半世紀前を想起すると、ビックリするほかない。前節で「市民」が「プロレタリア」に対置されて忌避されていたことに触れたが、何と今度は「市民革命的な動き」が肯定的に高く評価されている。

　次の節では、安保法制（戦争法）が成立した昨年九月一九日に間髪を入れずに提起した「国民連合政府」に関連して、「立憲主義とは何か。たとえ国会で多数をもつ政権党でも、憲法の枠組みに反する政治をしてはならないということであります」（九頁）と説明している（「国民連合政府」については、本論文のテーマではないが、別稿[注2]でその限界を批判した）。

　最後の節は「すべての国民の『個人の尊厳』を守り、大切にする社会をめざして」と立てられ、憲法第一三条の前半を引用し、「憲法学者で東大名誉教授の樋口陽一さんは、『近代立憲主義にとって、権力制限の窮極の目的は、社会の構成員を個人として尊重することにほかならない』と言われています」と説明する（二一頁）。

「そして、私たちが理論的基礎としている科学的社会主義が、近代民主主義の最も中核的な理念である『個人の尊重』『個人の尊厳』を発展的に引き継ぎ、豊かにしているということも強調したいと思います」と主張する。

だが、こんな風に言われると、綱領にはそんなことはどこにも書いてないと注意するほかない。この注意が頭をよぎったのかどうかは知る由もないが、志位氏は、さらに続ける。「わが党の綱領は、……私たちがめざす未来社会の特徴として、『社会のすべての構成員の人間的発達を保障する』と明記しています」。

馬脚を現わすとはこのことである。この引用のどこに「個人」とあるのか。「個人の尊重」を「豊かに」すると「社会のすべての構成員」となるのか。樋口氏は「社会の構成員を個人として」と書いている。「社会の構成員」が「個人」と同じなら、意味をなさない。

この「党旗びらきあいさつ」は、志位氏と中野晃一氏との「新春対談」などとセットにして「文献パンフ」として大宣伝されているのだが、その「新春対談」でも、志位氏は同様の主張を繰り返している。さらに問題ぶくみの新しい知見を加えている。

一つは、「個人の尊重」について、マルクスの『経済学批判要綱』を取り上げ、「マルクスは……『個人』『個性』の発展という見地から、人類史を三つの段階に概括して、描きだしています」という説明である。『経済学批判要綱』（一八五七年）は「『資本論』の最初の草稿」であるが、「赤旗」でお目にかかるのは珍しい。この説明のあとで、「科学的社会主義の立場からいっても、まさに強調すべき一つの中心点がここにあると考えています」（四一～四二頁）と付け加えている。

ここで疑問が起きる。不破哲三氏は『資本論』の解説を何冊も書いているが、彼は、マルクスが『経済学批判序言』（一八五九年）に書いた人類「前史」に着目して、彼の言い方では「本史」と対比させて自著でも第二〇回党大会や第二三回党大会でも再述・強調している（「本史」ではなく〈後史〉とすべき[注3]）。志位氏が取り出した「三つの段階」説は、不破氏の強調点を反故にするものである。

もう一つは、憲法の特徴について、志位氏は「憲法の国民主権、基本的人権、平和主義という大原則」（三八頁）と語る。前記のように、綱領では五つ挙げていた。外された二つは「大原則」ではなくなったのか。この点でも、志位氏は綱領大改訂を主導した不破氏に不同意なのだろうか。あるいは違いを示したいのか。ともかく、綱領に反する理解である。

「文献パンフ」にもう一つ収録されている、早野透氏との対談では、志位氏は「憲法や法の支配を無視した無法」（六五頁、六六頁）と語っている。志位氏は、昨年九月にも「法の支配」を肯定的に語っていた。

このように、「立憲主義」「個人の尊厳」「法の支配」を積極的なものとして、「科学的社会主義」の「強調すべき一つの中心点」とまで評価するのであれば、これらの用語を取り入れて綱領を大改訂しなくてはならない。そうしなければ、綱領を何度熟読しても、「科学的社会主義」の「強調すべき一つの中心点」を理解できない。それとも綱領はもはや読む必要はないのか。

志位氏が半歩だけ踏み出した、綱領を超える主張は、別言すれば、マルクス主義の伝統的認識であった「階級国家」論を捨てることを意味する。前節で明らかにしたように、「階級国家」論こそが、「市民」「市民社会」「法の支配」などの概念を没階級的謬論として排除してきた最奥の根拠だったのである。志位氏は、ここまで踏み込んで認識を刷新しなくてはならない。その際に「個人の尊厳」を度外れに強調すべきではない。私は、〈友愛をめざす個人〉と明確にするほうがよいと考える。例えば殺人を好む個人を容認することは出来ないからである。

第5節　「立憲主義」用語の曖昧さ

本節では、近年、流行言葉に浮上した「立憲主義」用語について検討する。この問題については、二〇一三年末に刊行した『活憲左派』の第一節のBで取り上げたので、そのまま引用する。

安倍晋三政権による第九六条改憲策動に関連して、その反対論のなかでにわかに「立憲主義」なる言葉が目につくので、注意を喚起しておきたい。

「立憲主義」の四文字だけに注意すれば、憲法に立脚する考え方、あるいは憲法に立脚する政治、と理解することも可能であり、それなら私は全面的に支持するが、「立憲主義」の強調には或る違和感がぬぐえない。「立憲主義」を主張する人は、「国家権力を憲法が縛る」さらには「国民には憲法を守る義務がない」という点を強調するからである。

そのためだろうと思うが、「立憲主義」は今やマスコミ用語というだけではなく、左翼党派の公認用語になりつつある。「国民には憲法を守る義務がない」という理解が、資本制社会の国家を「ブルジョアジー独裁」と断定するマルクス主義と親和的なので、「立憲主義」を許容しやすいのであろう。これらの党派は、本来ならば、「立憲主義」よりも概念的には上位にある〈法の支配〉にまったく触れることなく、「立憲主義」をコッソリ借用するだけで、「ブルジョアジー独裁」認識の是非には触らない。そこまで筆を伸ばすと、マルクス主義の根本的再検討に踏み込むことになるからである。「法治国家」という言葉も使われているが、これは国家に焦点を当てた用語である。私は〈法拠統治〉が最適だと考える（『友愛社会をめざす』参照）。

共産党にも触れておくと、お勧めのパンフレット『全批判自民党改憲案』（二〇一三年）の初めに「……国家権力を制限するという立場が明瞭に示されているのです」（四頁）と書いてある。普通、同様の文章なら「立場」の前に「立憲主義の」と五文字加えるのが通例である。「立憲主義」を嫌ったのかと思って読み進むと、次の行に「人権保障のために憲法によって権力を制限することが近代憲法の本来の目的です」とくりかえし、この「制限する」のうしろに丸カッコで（立憲主義）と四文字入っている。カッコ書きするのなら、「こと」のうしろが適切だ。なんとも無体裁な書き方だが、大抵の場合に理解が不十分だと汚い文章になる。重箱の隅を突くケチ付けと思うだろうが、そうではない。ここには、「立憲主義」の四文字が共産党が一番重要視している「綱領」には書かれていないという大問題がその背後にあることが示されている。共産党にとっても、「立憲主義」はまだ常套用語ではないからだ。

私が、以上のように書いてから二年余を経て、前記のように、「立憲主義」は共産党の常套用語となり、さらに志位氏は「法の支配」を使い始めた。是非とも、「ブルジョアジー独裁」や「法律はブルジョア的偏見だ」という「階級国家」論のドグマを捨てて、〈則法革命〉（後述）に到達してほしいと切望する。

第6節 〈友愛〉の定立を

他人の限界や誤りを指摘・批判することに満足することは滑稽ですらある。大切なことは、それらの限界を超えて、必要なことを提起・主張することである。私は、憲法にその文字はないが、〈友愛〉の大切さ・核心的重要性を提起したい。この問題については、二〇一三年に「友愛の定位が活路」で論じた（『プランB』第四一号＝二〇一三年三月。同年末に『活憲左派』に一部改稿して収録。

『貧者の一答』にも収録）。『活憲左派』の「2　『左派』の意味」から引用する。

引用の前に断っておかなくてはいけないが、二年余前の執筆時点では、私は書名のタイトルにも明示してあるように「左派」になお拘りを保持していた。だが、本論文で初めて明らかにするように、私は、この拘りを克服することにした。この態度変更は「君子豹変」ではない。私は「君子」ではないし、〈社会主義〉を志向する根本的立場に変わりはない。実は、「友愛の定位が活路」でも「〈労資の対立〉を認識したからといって、『資本制生産の止揚』、別言すれば〈社会主義〉の実現まで認識を深化させることは必ずしも必要ではない」と書いていた。以下は主に引用である。

さらに私は、〈友愛〉を重要視することが〈社会の変革を求める人間〉（旧稿では〈左派〉）の作風として大切だと考える。この三つの言葉はワンセットにして、現在もフランス共和国の標語とされている。一八世紀末のフランス革命の標語となった「自由・平等・友愛」の〈友愛〉である。

この三つの言葉は、日本では、「自由」がもっとも頻繁に使われている（諸外国の例を調べたことはない）。「資本主義」の代わりに「自由主義」と使われることが一般的とすら言える。憲法にも「自由」は頻回に出てくる（「平等」は二回、「友愛」はゼロ）。自民党のフルネームは「自由民主党」であり、尾高朝雄の名著『自由論』（ロゴス、二〇〇六年復刻）など著作の表題にも多用されている。

「平等」は、仏教では重視され、平安時代後期・一一世紀に京都には平等院が建立されているが、ガタンと下がる。「平等」を冠した政党は日本には存在しない。共産党の「綱領」でも「自由」と「平等」は何回も出てくるが、「友愛」はゼロである。左翼の世界ではほとんど〈友愛〉は死語である。例外的に岩田昌征氏は一九八三年に『現代社会主義の新地平』（日本評論社）で「第1章　自由・平等・友愛と現代」と章立てして、「『自由・平等・友愛』といいながら、『自由と』『平等』については深刻な議論がなされたけれども、『友愛』についてはあまり考察されなかった」（一六頁）と鋭く指摘していた。

人間は、誰でも社会のなかに生み落とされ、他人と協力することなしに生きていけない。親子や夫婦――これらの関係と定義は複雑だが――以外で身近な存在は「友人」である。〈友愛〉は、あこがれを抱いたり、弱く悲しみのなかにある人に寄り添い味方する感情を意味する。アダム・スミスは一七五九年の『道徳感情論』で人間の「同感」について多面的に説いた（岩波文庫、上）。『世界大百科事典』（平凡社、一九八八年）の説明では、「友愛という言葉は、狭くは〈友情friendship〉を意味する場合もあるが、特に英語fraternityなど西欧語の訳語として、兄弟の間の情愛から、さらにひろく家族など同一集団を結合する情愛、人間全体を一つの家族として包み込む人間相互の兄弟愛をも意味する。このもっとも広い意味で、友愛は〈博愛philanthropy〉〈隣人愛brotherly love〉と同義である」と書かれている。

この説明をさらに深化させて、「友を愛す」だけではなく、〈他人〉を「友として愛す」と明確にしたほうがよいのではないか。これは極めて困難な徳目である。〈他人〉のなかには悪意あるもの、敵対する者も含むからである。

「汝の敵を愛せ」はきわめて難しいが、フランス革命の衝撃のなかで、ドイツの哲学者フィヒテは、匿名で一七九三年に、国王など特権階級の廃止を主張すると同時に、革命勝利後に打倒した特権階級に労働する能力を身に付けさせるために一定期間の生活保障を施すことを提起した（『フランス革命論』法政大学出版局、一九八七年、二二九頁）！　国王などをギロチンに掛けるのではなく生活保障する。革命は復讐ではなく、新しい制度の創造でなければならないことを、フィヒテはこれほどまでにはっきりと明らかにしたのである。私は二〇〇〇年に、このフィヒテを知って、直ちに「オーストリア社会主義理論の意義」を執筆して、フィヒテを引いて「革命の漸進性」（『連帯社会主義への政治理論』四六頁など）を明確にし、翌年に「暴力革命」論を根底的に超克した〈則法革命〉を提起した（「則法革命こそ活路」『連帯社会主義への政治理論』五月書房、に収録）。

戦前の民衆の運動を振り返ると、情勢が暗転して戦争へと向かう局面で、戦争反対か、戦争協力か、として対立が先鋭化するなかで、大本教や天理本道《ほんみち》や戸田城聖や田添鉄二などごく一部の宗教者を例外として、ほとんどの宗教団体は国家権力の弾圧を避けて戦争協力の道に同調した。労働運動でも、「友愛会」や後の日本労働総同盟も戦争協力するほかなかった。こうして多くの場合、〈友愛〉志向勢力は戦争協力の道に陥没した。その対極には、治安維持法で弾圧され、獄中で辛酸をなめる少数の共産党員や信念ある宗教者が孤立していた。戦争協力の根底には、労資協調路線が据えられていた。このように、〈友愛〉を志向する勢力は、労働者と資本家との対立を直視し、認識することを避けてきた。そこに弱点があった。

〈友愛〉の再定位の核心は〈労資の対立〉を明確に認識することにある。この経済学での核心的認識とセットにして〈友愛〉を再定位しなくてはならない。ただ注意すべきことが二つある。

一つは、〈労資の対立〉と言ってもその実態はさまざまに複雑に変容しているから、実態の解明は簡単ではない。〈労資関係の錯綜性〉を解明しなくてはいけない。

もう一つは、〈労資の対立〉を認識したからといって、「資本制生産の止揚」、別言すれば〈社会主義〉の実現まで認識を深化させることは必ずしも必要ではない。彼（彼女）を好きではないからといって、彼（彼女）を抹殺しなくてはいけないとはならないのと同じである。

問題は、〈友愛〉と〈労資の対立〉認識とがいかなる関係にあるかである。水と油のように反発しあう関係なら、この二つを一緒に説くことはできない。私は、〈友愛〉と〈労資の対立〉認識とは充分に両立可能だと考える。労働者と資本家が経済的に異なる位置にあること、正確には対立することは、かなり広範囲に認識可能なはずである。前に明らかにしたように、憲法には「資本家」は登場しないが、第二八条で「勤労者の権利」が特別に明記されている。

違和感は、〈労資の対立〉という事実認識を、この関係の転倒・廃棄へと結びつけるレベルで生じることになる。私はこれまでは、〈労資の対立〉の認識を、直ちにこの関係の転倒、別言すれば〈社会主義〉の実現をめざすことと直結して理解していた。だが、「社会主義」まで短兵急に求めなくても、〈労資の対立〉の事実認識が拡がるだけでも大きな歴史の前進を意味する。もちろん、〈社会主義〉の実現をめざすことを排斥する必要もない。

私は、〈友愛〉の再定位によって、社会主義像はいっそう深さを増し、幅を拡げるに違いないと確信する。宗教に傾倒する人など、従来は見向きもしなかった層や世界とも友好的に交流することが、当面の政治的必要のレベルを超えて原理的に可能となるからである。――以上、引用。

最近になって知ったのだが、賀川豊彦によって店名を名づけられた、神田の「友愛書房」の店主・萱沼元氏によると、「聖書のなかに友愛という言葉はない」[注4]という。だが、周知のように、キリストは「汝の隣人を愛せ」とか、「汝の敵を愛せ」（『マタイによる福音書』第二二章三九節。『マタイによる福音書』第五章）と諭した。

前記の引用からは割愛したのだが、私は民主党の党首で首相にもなった鳩山由紀夫氏にも触れていた。彼の祖父・鳩山一郎が「ＥＵ創設の父」クーデンホフ・カレルギーから〈友愛〉を継承していたからである。友紀夫と「改名」した鳩山氏に『友愛社会をめざす』を寄贈したら、すぐにお返事があり、「友愛を『他人を友として愛す』と深化させよとの言葉も感心いたしました」と書かれていた（『貧者の一答』二四四頁）。鳩山氏はさらに「友愛を労働者と資本家との対立の構図から論じたことはありませんでしたので、今後学ばせていただきたいと存じます」と続けている。私はこの応答に大きな可能性と広がりを感得する。

つなぎに

普通なら、論文の終わりは「結び」などとするが、与えられた紙数では書き込めなかったので、憲法にとって重要な問題がまだ残っているから、そこへの「つなぎ」を簡単に一筆することにした。「はじめに」で左からの「改憲」と書いたが、私は、象徴天皇制は廃絶したほうがよいと考える。この問題については、昨年『文化象徴天皇への変革』で提起した。憲法を改正して、「(旧)憲法第一章はすべて廃棄する。皇室典範も廃棄する。他の法律において天皇にかかわる部分も廃棄する」と明記したうえで、新しい第一章を制定する必要がある。

第一章を「日本国の理念」として、「第一条　日本国の理念は、日本に住む市民の幸福を願い、他の諸国(地域)や諸民族との平和と友愛を希求する。第八条　天皇は日本に住む市民の文化の象徴とする。天皇に関する制度については、法律によって定める」と改正する。こうすれば、憲法第九条をそのまま残すことができる。

もう一つ、自衛隊に関連して、憲法第九条に次のような第三項を追加することを提案する。「自衛隊は、憲法の理念に違反するが合法的な例外存在であり、その任務は日本国内外の災害の救助および日本の専守防衛にある」と明記する。これは、小林直樹氏の「違憲合法」論(『憲法第九条』

岩波新書、一九八二年）をさらに進めたものである。平和のためには、外交的努力を最優先する。[注5]

また、衆議院の解散権について、憲法には明文の規定がなく論議を招いているが、「内閣不信任決議が衆議院で決定された場合にのみ、内閣総理大臣は解散権を行使できる」と明文化すべきである。選挙制度はきわめて重要な位置を占めている。小選挙区制を廃止して、公職選挙法第2章の「被選挙権」を〈立候補権〉に改正したほうがよい（『友愛社会をめざす』参照）。

〈注〉

(1) 村岡到「古典に学ぶ」『フラタニティ』創刊号＝二〇一六年二月、参照。
(2) 村岡到「政局論評」『フラタニティ』創刊号、参照。
(3) 村岡到『不破哲三と日本共産党』の「第V章　不破理論とは何か?」参照。
(4) 国枝すみれ「報道ワイド」（「毎日新聞」夕刊、二〇〇九年六月三日）から。
(5) 村岡到「『非武装』と『自衛隊活用』を深考する」『フラタニティ』創刊号、参照。

☆出版社の表示のない村岡到の著作はすべてロゴス刊である。

主要人名さくいん

訴訟を手段として「憲法を活かす」
――岩手靖国訴訟を振り返って

澤藤統一郎

はじめに

私は岩手県盛岡の生まれだが、父方のルーツは黒沢尻にある。今は北上市というその地に、一九七八年「政教分離を守る会」という市民運動組織ができた。この市民運動を立ち上げたのは、国家神道が臣民の精神の内奥を支配したことについての苦い記憶をもつ世代と、戦後民主主義の空気で育った世代。その中心に、宗教者と教員が位置して、社会党・共産党の地域活動家が支え、市民がこれに参加した。

当時、靖国神社の国家護持や公式参拝を求める保守派の組織的な動きが活発で、このことに危機意識をもっての市民運動だったが、この人たちの運動が県都盛岡に飛び火して、岩手靖国違憲訴訟を立ち上げた。提訴について相談を受けたのが、盛岡の若手弁護士だった私。私にとっての本格的な憲法訴訟の初めての経験だった。

首相や天皇の靖国参拝は違憲であるという主張を法廷に持ち込んで判決を得ようとした最初の試みが、岩手靖国「公式参拝」違憲訴訟である。この訴訟は一審の途中から、県費からの靖国神社への玉串料支出は違憲と主張した「玉串料」訴訟を併合し両訴訟が判決を迎えた。一審こそ手痛い敗訴だったが、一九九一年一月一〇日、仙台高裁（糟谷忠男裁判長）は、明確な違憲判断を示した。靖国神社公式参拝違憲の理由説示に四〇頁余を費やした詳細な検討の結論部分だけを引用すれば以下のとおりである。

「以上、認定したところを総合すれば、天皇、内閣総理大臣の靖国神社公式参拝は、その目的が宗教的意義をもち、その行為の態様からみて国又はその機関として特定の宗教への関心を呼び起こす行為というべきであり、しかも、公的資格においてなされる右公式参拝がもたらす直接的、顕在的な影響及び将来予想される間接的、潜在的な動向を総合考慮すれば、右公式参拝における国と宗教法人靖国神社との宗教上のかかわり合いは、我が国の憲法の拠って立つ政教分離原則に照らし、相当とされる限度を超えるものと断定せざるをえない。したがって、右公式参拝は、憲法第二〇条三項が禁止する宗教的活動に該当する違憲な行為といわなければならない」。

「天皇と首相の靖国神社公式参拝は違憲」の判断には曖昧さがなくまことに明快なのだ。また、県費からの靖国神社に対する玉串料支出も、次のとおり明確に違憲と断じている。

「靖国神社への玉串料奉納としての支出によって生じる、岩手県と同神社との関わりあいは、その波及的効果と諸般の事情を考慮すると、相当とされる限度を越えるものと判断するのが相当であるから、右支出は、憲法第二〇条三項の禁止する宗教的活動に当り、違憲・違法である」。

二〇一六年の現時点でこの憲法運動としての訴訟を振り返り、「憲法を活かす」運動の意味を問いかえしてみたい。憲法上、政教分離とはどのように理解すべきなのか。靖国神社とは、公式参拝とは何であるのか。公式参拝の促進と阻止の運動とは、それぞれいかなる意味を持つものであるか。そして、「壊憲」志向の安倍政権下で、政教分離や靖国問題がいかなる今日的意味を持つに至っているか。憲法の活かし方、訴訟という手段の有効性についても考えて見たい。

「憲法を活かす」ことの意味

本書のコンセプトは、「活憲」にある。単に明文改憲を阻止するという消極姿勢を脱して、国民の努力によって積極的に憲法の理念を国民生活のあらゆる部門に活かそうということだ。憲法理念の活性化と言ってもよいだろう。

実は、憲法活性化の努力は常に必要なのだ。憲法とは主権者国民が権力を預けた先の為政者に対する命令なのだから、本来的に憲法とは為政者にとっての不都合な縛りにほかならない。為政者に本心から歓迎されるような憲法であっては、存在意義はそもそもないと言って差し支えない。為政者の側は、本来的に隙あらば憲法の縛りを逃れて自由に振る舞いたいとする衝動をもっている。当然のことながら、国民の側はこのような権力の恣意的発動を許してはならないと考える。憲法をはさんで、為政者と国民とは、本来的に緊張関係に立っているのだ。国民は、意識的に常時為政者の動向を監視して、憲法の理念を忠実に守らせる努力を持続しなければならない。これが、「憲法を活かす」ということの実践的意味だと思う。

国民が主権者として、為政者を直接にチェックするもっとも強力な手段は選挙である。憲法は、権力の行使に関する徹底した情報開示と為政者に対する批判の言論の保障を前提に、民主的な知性と感性を備えた選挙民の投票行動によって「正しい」政権選択ができることを期待している。とはいえ、現実の選挙は理想とはほど遠い。選挙勝利の洗礼が、為政者にフリーハンドの信任を与えるものではない。国民は、「投票日だけの一日主権者」であってはならないのだ。常に憲法を携えて、為政者に対し、「憲法に反した行動があってはならない」、「憲法に適合した立法・行政・司法であれ」と要求し続けなければならない。

そのような憲法を活かす国民の実践的な運動において、司法を活用する手法は特別の意味をもっている。立法・行政に違憲の行為があれば、権力部門のひとつである裁判所を利用して、その是正を期待しうる。立法・行政の違憲行為とは、積極的な作為だけを意味するものではなく、なすべきことを怠る立法・行政の不作為も含む。

戦後政治においては、日本国憲法を敵視して自主憲法制定を党是とする保守政党による長期政権が継続した。これは、憲法が本来想定しない特殊事態というべきだろう。立法・行政部門が憲法理念に反するとき、国民は司法を大いに活用して、違憲行為を是正しなければならない。このことは、憲法が自らに内蔵した憲法保障のシステムである。とりわけ、安倍政権のような「壊憲」政権においては、司法と法律家の役割は格別に重要となる。

岩手靖国違憲訴訟は、訴訟を手段として、政権の違憲違法に歯止めをかけようと試みた典型的な憲法訴訟であり、憲法を活かす運動であった。そして、いささかの成功を勝ち得ている。首相の公式参拝に司法はどう判断をしているか。それを知るには、まず岩手靖国訴訟・仙台高裁判決に目を通さなければならないのだ。

岩手靖国訴訟の発端

古い話になる。一九八〇年の暮。盛岡にあった私の法律事務所に四人の来客を迎えた。牧師さんが二人。それに北上市の社会党の市議会議員と、原水協の役員である元教員。神を信じる者と信じない者、この四人の来客との出会いが岩手靖国訴訟の発端だった。

一九七一年に東京で弁護士として仕事を始めた私は、七七年夏から故郷盛岡で独立開業していた。その頃はまだ三〇代、仕事が面白くて張り切っていた。この日の四人の来訪者も、人づてに「若い、一風変わった弁護士」のうわさを聞いて来たものであったろう。

四人は情熱をこめて草の根の政教分離運動を語り、「英霊にこたえる会」を中心に保守勢力が全国的に展開している地方議会の「靖国神社公式参拝促進決議」に一矢を報いたいと言った。岩手県議会で成立した、問題の決議のコピーを見せられた。「靖国神社公式参拝について」というタイトルで、決議の趣旨は、「靖国神社公式参拝を実現されたい」というもの。その理由として、「靖国神社には平和のいしずえ二五〇万英霊がまつられている。英霊に対し、尊崇感謝の誠を捧げ、国として公式儀礼を尽くすことはきわめて当然のことであり、世界いずれの国においても行われている。しかるに、戦後、靖国神社は国の手を離れ、天皇陛下のご参拝も、内閣総理大臣などの参拝もすべて個人的なものとして扱われ、また国際儀礼として当然の国賓の靖国神社参拝も行われていないことは、きわめて遺憾であり、速やかに国の代表ならびに国賓の靖国神社公式参拝が実現されるよう強く要望する」というもの。決議の宛先は、内閣総理大臣と衆参両院議長である。

この四人は、一年間切歯扼腕して反撃の方法を考えていたという。そして思い至ったのが裁判、というのだ。この決議の内容が憲法に違反していることは明らかなのだから、提訴して「決議は違憲」という判決が取れないだろうか、という相談だった。

当然に私は怯んだ。地方議会の決議の内容を一市民が争う訴訟など聞いたこともない。法律事務所経営上のバランス感覚からも、提訴は断念するよう説得するに如くはないと考えた。

「原告となる人の具体的な権利侵害を離れて、抽象的にある行為の違憲性や違法性を争う訴訟を『客観訴訟』といいます。わが国の訴訟制度では、ごくわずかの例外を除いて客観訴訟は不適法として受けつけてはもらえないんですよ」。「行政が憲法違反の行為をしている、というだけでは、訴訟の土俵にのせられません。その行為によって具体的な権利の侵害を受けた者だけが、訴訟の原告になり得ます」。「直接は決議に関わりを持たない市民が訴訟を起こすのは無理でしょうね」。「訴状を出すだけは出しても、審理に入らない門前ばらいの却下となるのがオチでしょう」。

こんな法律家の常識を、得々と話した。ところが、この相談者たちは、弁護士の本心を知ってか知らずか、容易に引き下がらない。

「違憲行為を司法がチェックできないというのは、おかしいんじゃないですか」。「なんとか、工夫の余地はありませんか」。「仮に、門前払いになるとしても、抗議の姿勢を示す意味での訴訟を引き受けてはいただけませんか」。

相談者の熱心さに負けた形で、この受け答えの中でついつい思いつきを口走ってしまった。

「地方自治法に住民訴訟という制度があります。もし、その違憲の決議が公費の支出を伴っていれば、その支出が違法ということで県の監査委員会に監査請求ができます。監査委員会の結論に不服があれば、住民訴訟が起こせるかもしれません。この制度は、本来は地方自治体の財政に対する監視の制度です。岩手県が違法な支出をした首長や職員に損害賠償請求すべきなのに県がしなければ、県民がたった一人でも県に代わって裁判を起こせるというものです」。

口は災いのもと。これを聞いた相談者の顔色が変わってがぜん色めき立った。この日は、「この決議文を県が首相官邸や衆参両議院など宛先に郵送していたら、四〇円の切手代について損害賠償請求の裁判ができるということになりましょうね」。「四〇円の裁判なんておもしろいじゃないですか」。「とにかく、それで舞台の設定ができるなら、やっていただけませんか」。

この瞬間に岩手靖国訴訟が始まったのだ。決着まで、一一年というロングランの幕開けである。もっとも、裁判は切手代四〇円についてではなく、新幹線交通費などの出費七万円余について、「被告らは、岩手県に支払え」というものになった。

当時、「英霊にこたえる会」（その初代会長が「ミスター最高裁」と言われた石田和外元最高裁長官）を中心とした右派勢力が、靖国神社国家護持運動から転じて、天皇・首相の靖国神社公式参拝促進運動に取り組んでいた。県議会レベルで三七、市町村議会レベルでは一五四八の「公式参拝促進を求める」決議が成立していた。これに対して、「訴訟を提起して一矢報いよう」と発想したのは、全国で岩手のみである。政教分離を求める市民の運動あればこその訴訟であった。

公式参拝違憲訴訟進行中に、複数県の県費から靖国神社に玉串料が支出されていることが明るみに出た。岩手と愛媛を中心に、連絡を取り合いながら、同時に違憲訴訟を提起した。こうして、岩手靖国訴訟は、公式参拝違憲訴訟と玉串料支出違憲訴訟の両者を併合したものとして進行した。

「政教分離」の本旨とは

北上に成立した「政教分離を守る会」の理念はどういうものだろうか。

日本国憲法は、一面普遍的な人類の叡智の体系であるが、他面我が国に固有の歴史認識の所産でもある。

国は、多くの思想信条をもつ人びとから成り立つ。当然に相対立する諸宗教の信仰者を包含する。宗教の対立とは、ある宗派の天国への道が別の宗派の地獄への道となりうる質のものである。妥協はあり得ない。したがって、国はあらゆる宗教に関わりを有してはならず、中立でなければならない。国家が死者の霊の存在を前提として、特定の宗教方式にのっとった魂の管理をするようなことをしてはならない。これが、普遍的な人類の叡智の体系としての政教分離である。

日本国憲法を成り立たせた固有の歴史認識とは、「大日本帝国」による侵略戦争と植民地支配の歴史を国家の罪悪とする評価的認識をさす。アジア・太平洋戦争の惨禍についての痛恨の反省から日本国憲法は誕生した。このことを、憲法自身が前文で「政府の行為によつて再び戦争の惨禍が起ることのないやうにすることを決意し、ここに主権が国民に存することを宣言し、この憲法を確定する」と表現している。憲法前文がいう「戦争の惨禍」とは、戦争がもたらした我が国民衆の被災のみを意味するものではない。むしろ、旧体制の罪科についての責任を読み込む視点からは、近隣被侵略諸国や被植民地における大規模で多面的な民衆の被害を主とするものと考えなければならない。

このような歴史認識は、必然的に、加害・被害の戦争責任の構造を検証し、その原因を特定して、再び同様の誤りを繰り返さぬための新たな国家構造の再構築を要求する。日本国憲法は、そのような問題意識からの作業過程をへて結実したものと理解しなければならない。

現行日本国憲法が、「戦争の惨禍」をもたらした「侵略戦争」「植民地支配」の究極の原因として把握したものは、「天皇制」と「軍国主義」の両者であったと考えられる。日本国憲法は、この両者に最大の関心をもち、旧天皇制を解体して国民主権原理を宣言（前文、第一条）し、軍国主義を支えた陸海軍を解体して国際協調と平和主義・戦力不保持（前文、第九条一、二項）を明記した。

しかし、天皇制の清算は不徹底に終わった。政治的権能を有しないとされながらも、象徴天皇制として残された。政教分離はこの象徴天皇制に関わる制度と理解しなければならない。

かつての天皇は、三層の構造をもっていた。その基底において、天皇は国家神道における宗教的権威をもつ天子とされた。その宗教的権威が、政治的には統治権の総覧者としての正統性の根拠とされ、同時にそれゆえに軍事的には陸海軍の統帥権者としての大元帥との位置をも占めることになっていた。

日本国憲法は、天皇の政治的権能と大元帥としての地位を剥奪したが、それだけでは足りないと考え、国家神道の復活による天皇の宗教的権威の再生を警戒して、厳格な「再び天皇を神としない歯止め」の制度を盛り込んだ。それが、わが国に固有の政教分離原則にほかならない。

日本国憲法の政教分離原則は、第二〇条一項後段「いかなる宗教団体も、国から特権を受け、又は政治上の権力を行使してはならない」。同条三項「国及びその機関は、宗教教育その他いかなる宗教的活動もしてはならない」。そして、第八九条の「公金その他の公の財産は、宗教上の組織もしくは団体の使用、便益若しくは維持のため、これを支出し、又はその利用に供してはならない」に表れている。

政教分離とは、「政」(公権力)と、「教」(宗教)との分離という意味である。「政」も「教」も、お互いを利用し合いたいとする衝動をもっている。しかし、この両者は厳格に分離されなければならない。このことは、「普遍的な人類の叡智」が教えるところ。しかし、「我が国に固有の歴史認識」から読み込めば、この「教」(宗教)とは、優れて国家神道をさしている。あるいは、国家神道を成立せしめた神社神道を意味するものと理解しなければならない。条文の書きぶりにかかわらず、日本国憲法の政教分離は、とりわけ神道に厳格なのである。

靖国問題とは何なのか

日本国憲法を形づくった歴史認識の問題点が、究極的に「天皇制」と「軍国主義」の二点に帰着するとして、この両者の結節点に靖国神社がある。

明治政府が創建した別格官幣社靖国神社は、かつて陸海軍を統帥する天皇の神社であり、軍国の神社であった。「君のため、国のために」戦って亡くなった将兵の霊は、天皇への忠誠のゆえに「英霊」と讃えられ、天皇の裁可をもって靖国神社の祭神として合祀された。招魂の儀式に続く臨時大祭にはかならず天皇が臨席し、列席の遺族は、その名誉とかたじけなさに涙を流した。

陸海軍の管轄下にあった靖国は、「軍事的宗教施設」でもあり、「宗教的軍事施設」でもあった。天皇が主唱する戦争は無条件に聖戦であり、聖戦で死ぬことはすなわち靖国の神となることであった。学校教育では、天皇のために死ぬことが国民の最高道徳と教えられ、徴兵される者は「生きて帰ると思うな。こんど会うときは靖国神社だ」と戦意を鼓舞された。靖国は「死は鴻毛よりも軽しと覚悟せよ」（軍人勅諭）と、天皇から死を強制される兵の最後の行き場所であり、その覚悟をさせるための大がかりな精神的動員装置であった。靖国神社は、国民精神を軍事に、そして対外戦争に総動員するために不可欠の役割を果たした。

小学唱歌「靖国神社」はみごとなまでに簡潔に靖国神社の役割を語りつくしている。

「ことあるをりはたれもみな
いのちをすてよ君のため

おなじく神とまつられて
御代をぞやすくまもるべき」

今なお宗教法人靖国神社は、旧靖国神社の思想をそのまま護持し、「靖国史観」を掲げて歴史修正主義の拠点となっている。「靖国史観」とは、侵略戦争を聖戦視し、戦争批判を「英霊への冒涜」として封じようとする史観にほかならない。軍国神社靖国こそ、憲法第二〇条三項が最も厳格に警戒の対象とする存在である。それが正当な歴史認識からの憲法の真っ当な読み方なのだ。だから、憲法の政教分離規定は、首相の靖国参拝を許さぬための条文と言って過言でない。

戦後、国の手を離れて一宗教法人となった靖国に、今なお国家護持や公式参拝を求める声が高い。右派勢力にとって靖国神社は多数の遺族の素朴な心情を利用しうる絶好の舞台である。よく知られているとおり、靖国神社は「昭和殉難者」として、東条英機以下一四名のA級戦犯を合祀している。国が靖国神社と公式に関わりをもつことは、とりもなおさず靖国神社の戦争や戦犯への評価を追認するということにほかならない。中曽根康弘・小泉純一郎・安倍晋三らが、首相の肩書をもって靖国神社を参拝したことは、国が東条以下のA級戦犯を「神」と認めて、これに尊崇の念を表明したことになる。「憲法を活かす」立場にある者が、これを看過してはおられないのだ。

岩手靖国訴訟――何をどう争ったのか

岩手靖国訴訟は、公式参拝訴訟も玉串料訴訟も、地方自治法上の住民訴訟の制度を活用したものである。住民訴訟とは、地方自治法第二四二条の二にもとづく「民衆訴訟」、つまり、自らの権利侵害の有無に関係なく、住民誰もが適法に原告となりうるという訴訟なのだ。

公式参拝訴訟では、憲法違反の決議に関与して賛成の表決をした県会議員全員と議長の四〇名を被告とした。被告議員らは、違法な決議を成立させて、その違法な決議の執行に要した交通費等の支出分の損害を県に生じさせた。本来なら、県が各県議に損害賠償請求しなければならないのにこれをしないから、住民が県に代わって裁判所に「被告らは岩手県に七万円余を支払え」とする訴えを起こしたのだ。

当時の岩手県議会の議員数は五一名。このうち、問題の決議への賛成票は三九（自民二八、県政クラブ（保守）一一）、反対票は一〇（社会八、共産一、民社一）であった。

この訴訟の進行中に、いくつかの県が、県費から靖国神社に玉串料などを奉納しているという事実が明るみに出た。岩手県もこれに入っていた。共同通信の配信記事によれば、自治省は靖国神社や護国神社に玉串料などを公金から支出している各県に対して、「憲法上問題がある」として、「両神社への公金支出を再考するよう」行政指導を始めたという。その対象は、岩手の他、青森、山形、栃木、愛媛、熊本、鹿児島の計七県と報道された。

後で被告側提出の訴訟資料によって知ったことだが、日本の独立と共にＧＨＱの監視から脱した靖国神社は、一九五二年の秋季例大祭以来、全国の県知事にあてて、例大祭のつど玉串料奉納を要請しつづけてきた。岩手県は、この靖国神社の要請に応えて、一九六二年から例大祭の玉串料と、みたま祭りの献燈料を欠かさず奉納してきたという。

「政教分離を守る会」の抗議と要請に対して、岩手県は「今後はやめることにする」と回答はした。しかし、政教分離原則違反についての真摯な反省の姿勢はうかがえず、「憲法上の疑義があったかどうかについてはお答えしません」とした上、過去の損害填補の意思はないことを明らかにした。こうして、この件も監査請求を経て、知事や担当部長を被告とする住民訴訟となった。

原告らの法廷陳述から

一九八一年三月一六日に提訴して、第一回の口頭弁論期日が六月二五日となった。この第一回口頭弁論の冒頭、盛岡地裁の法廷で原告三名が、約一〇分ずつの意見陳述を行なった。その内容、態度とも三者三様の個性あふれる堂々たるものであった。靖国神社公式参拝の問題点が、出つくしている感がある。印象に残る部分を抜粋する。

「かつて国家神道体制下の国は、国民に、死して靖国神社に祀られ天皇に参拝してもらうことを最高の名誉と教えました。国民を戦場に行かせるための精神的よりどころとして、靖国神社への参拝を国民に強要し、戦争への批判を許さない風潮を作りあげたのです。私の義父を含め、多くの人の戦死はこの国家神道体制の犠牲死といわざるをえません。

わが国の憲法に規定されている政教分離の原則は、この誤った、かつての国の歩みに対する深い反省にもとづいてうちたてられたものです。本件の『靖国神社公式参拝促進決議』は、この戦前戦中の誤った歩みに対する深い反省を踏みにじるものにほかなりません。憲法判断を避けることのないようにお願いいたします」。

「私は、一人のキリスト者として、靖国神社公式参拝および国家護持に対し、それが思想・信教の自由を奪う危険なものであることを感じております。キリスト教は日本の歴史の中で、江戸時代にキリシタン迫害を受け、戦争中は神社参拝を強制され、信仰の妥協を余儀なくされました。靖国神社公式参拝の中に、私は三度目の宗教に対する国家の挑戦を見る思いがして、心を痛めざるをえません。

この裁判が憲法裁判として国民の基本的人権を守り、日本国民の幸福に寄与するものとなるため、心からの祈りを込めて強く訴えます」。

「私は、青年学校の教員として、『軍人勅諭』『戦陣訓』を大まじめで教え、『臣民の道』を講義して皇国民の錬成に若い情熱を燃やしました。多くの教え子、青年たちを戦場に送り出したのですが、二〇名を超す教え子は、ついぞ還ることなく靖国に『英霊』として祀られる悲しい結末となりました。軍国主義教育の結果として、二〇余名の教え子を死に追いやった自責の念が、戦後平和教育を退職まで続け得た心の支柱となったのです。

岩手県議会の、『天皇に靖国神社の公式参拝を求める』決議は、天皇主権の復活と軍事大国への道を開く危険極まりないものとして、決して黙視し得ません」。

最低最悪の一審判決

一審の審理は、宗教学者（村上重良）、憲法学者（高柳信一）、歴史学者（大江志乃夫）などの錚々たる顔ぶれの学者証人や靖国神社の禰宜《ねぎ》（神官）の証人調べなどを経て結審し、一九八七年三月五日判決となった。裁判長は、結審前に交替したばかりの宮村素之氏。長年の訟務検事キャリアから裁判官に転身した方である。

両事件とも、判決結果は、予想だにしない完敗であった。工夫を重ねた成果として、憲法判断には到達した。しかし、公式参拝も玉串料奉納も「合憲」というのだ。これは大変なことになった。

「裁判官の憲法感覚を疑う。論理において最低・結論において最悪の判決だ」。

「たった一つの下級審判決で崩れるほど、日本の民主主義がもろいものとは思えない。より多くの人びととと、この判決克服のためにたたかう」。

記者会見では、これだけ言うのが精一杯だった。

判決の「論理」は、原告の主張と噛み合わないものとなった。判決は、公式参拝を「総理大臣等が、単に公人としての資格立場において靖国神社に参拝する」場合と、「国の代表ないしは機関として国の行事に公費をもって参拝する」場合とを区別し、後者は違憲だが、前者であれば違憲ではないという。なぜなら、「公人と私人は不可分であり内閣総理大臣等は私人として思想および良心の自由、信教の自由を有するところ、公人であることによってこれを制限することは許されない」というのだ。

冗談ではない。私人と公人が「不可分」では、権力を握る立場にある公人がその私人としての思想信条をほしいままに貫徹することを許容せざるをえないではないか。憲法が公務員に憲法遵守義務を課しているのも、私的な思想良心の自由は認めた上で、その公的立場に制約が必要と考えてのことだ。天皇も、私人としては思想・良心の自由をもつ。だからといって、公的立場においてそれを貫くことを許容するとなれば、象徴天皇制の大原則をくつがえしてしまうことは自明ではないか。私人と公人は不可分ではない。天皇の私人としての自由、権利と、象徴としての公的立場における権能の範囲が厳格に区分されるべきは当然である。

裁判官の視野にあるのは、中曽根や小泉、安倍の思想信条の自由のみであって、その行為によって直接間接に思想信条の自由を侵害される主権者国民の人権は目に入っていないのだ。

玉串料支出の合違憲についても、最高裁流の目的効果基準を採用して、岩手県が靖国神社に玉串料を奉納する目的は社会的儀礼の範囲であり、その効果に関しても、この程度の金額では靖国神社を援助・助長・促進することにはならない、と言ってのけた。

政教分離の理念を把握するためには正確な歴史認識の把握が不可欠である。一九七一年五月の津地鎮祭訴訟控訴審名古屋高裁判決が典型であるが、わが国に特有の詳細な政教分離原則を必要とした歴史的事実の叙述、国家神道への反省の叙述なくして憲法判断は不可能というべきである。しかし本判決には、そのような視点は皆無であった。まさしく、「論理において最低、結論において最悪」の判決以外の何ものでもなかった。

勝ち取った控訴審での違憲判断

直ちに控訴して、舞台は仙台高裁に移った。地裁段階での原告側代理人は、私を含んで三名だったが、控訴審では仙台の弁護士を中心に五五名の大弁護団が作られた。支援の運動の輪も、格段に大きくなった。こうして、一九九一年一月一〇日、本稿の冒頭に掲げた逆転の判決を得ることができた。この訴訟は、控訴審で終了し、最高裁の判断は示されていない。

わが国の憲法は、天皇や閣僚の靖国神社公式参拝を許容するのか、禁止するのか。これが争点の核心である。この争点に控訴審裁判所は明確な「公式参拝は違憲」の宣告をした。

裁判所は、最高裁の判例となっている目的効果基準の枠組で公式参拝の合違憲を判断している。目的効果基準とは、津地鎮祭訴訟以来の最高裁が採用する見解で、国または自治体のあらゆる宗教関連の行為が禁止されるのではなく、その行為の「目的」が宗教的意義を持ち、その行為の「効果」が特定の宗教を援助・助長し、あるいは圧迫・干渉となる行為だけが違憲というのである。もともとは、政教分離の厳格解釈を避けるために最高裁が編み出した基準だったが、岩手靖国控訴審判決はこれを換骨奪胎して厳格分離に近い結論を導く使い方をした。

判決が公式参拝の目的と効果についてどう判断したか、要約してみよう。

①（前提）靖国神社は明らかに憲法上の宗教団体であって、その祭神に対する参拝は、宗教的行為そのものである。

②（目的）参拝の目的が戦没者に対する追悼であっても、特定の宗教法人である靖国神社の祭神に対する拝礼という宗教的意義も有していると考えざるを得ない。

③（効果）内閣総理大臣等が公的資格において靖国神社に赴いて参拝するということになれば、国またはその機関が靖国神社を公的に特別視し、あるいは他の宗教団体に比して優越的地位を与えているとの印象を社会一般に生じさせ、政教分離の原則から要請される国の非宗教性ないし宗教的中立性を没却する恐れが極めて大きいといわざるをえない。

④（結論）天皇、内閣総理大臣の靖国神社公式参拝は、その目的が宗教的意義をもち、その行為の態様からみて国またはその機関として特定の宗教への関心を呼び起こす行為というべきであり、しかも、右公式参拝がもたらす直接的、顕在的な影響および将来予想される間接的、潜在的

な動向を綜合考慮すれば、右公式参拝における国と宗教法人靖国神社との宗教上のかかわり合いは、我が国の憲法の拠って立つ政教分離原則に照らし、相当とされる限度を越えるものと断定せざるをえない。したがって、右公式参拝は、憲法第二〇条三項が禁止する宗教的活動に該当する違憲な行為といわなければならない。

さらに、天皇の公式参拝について一項を起こし、戦前の「親拝」（天皇の参拝を特別にこう呼んだ）の模様にふれた上で、「もし、天皇の公式参拝が行われるとすれば、それにふさわしい方式と規模を考えなければならず、また、天皇が皇室における祭祀の継承者である点も考え合わせると、内閣総理大臣のそれとは比較にならないほど、政教分離の原則との関係において国家社会に計り知れない影響を及ぼすであろう」という。この点の指摘はまことに重いものがある。

また、地方自治体から靖国神社への玉串料・献燈料名目の公費支出を憲法違反としたのは、八九年三月の愛媛玉串料訴訟松山地裁判決につづく二番目の違憲判断であり、高裁としては初めての判断だった。その後高松高裁での愛媛玉串料訴訟控訴審は逆転敗訴となったが、歴史的な最高裁大法廷違憲判決（一九九七年四月二日）に至っている。岩手訴訟の仙台高裁判決がその先鞭となったのだ。

この点の判断についても、次のとおりの目的効果基準によっている。

①（目的）玉串料等の奉納は、戦没者追悼という儀礼的、世俗的側面を有する。しかし、その

奉納は同神社の祭神に尊敬崇拝の念を表することを指向してなされるものであるから、多分に宗教的側面をも有しているというべきである。

②（効果）本件玉串料等は、特定宗教団体に、継続的に公金の支出を行うものであるから、一回の額が七、〇〇〇円であっても、岩手県が靖国神社を特別視しているとの印象を社会一般に与える。仮に、本件支出が適法視されれば、二四六万余柱の英霊の追悼と遺族の慰籍を理由に多数の市町村が奉納に及ぶ事態も予想され、全国的規模では相当多額に上ることが想定される。

③（結論）本件玉串料等の支出は、特定の宗教団体への関心を呼び起こし、その宗教的活動を援助するものと認められるから、政教分離の原則から要請される岩手県の非宗教性ないし中立性を損なうおそれがある。右支出によって生じる、岩手県と同神社との関わりあいは、その波及的効果を考慮すると、相当とされる限度を越えるものであるから、右支出は、憲法第二〇条三項の禁止する宗教的活動に当り、違憲・違法である。

もっとも、両判決とも主文では負けている。法廷での主文の言い渡しは、棄却、棄却、キキャクの連続であった。明快な違憲の判断をしながら、なぜ主文で負けたのか。理由は二つある。

一つは、この訴訟が進行中に、昭和天皇（裕仁）が死亡し、天皇の代替わりが行われたことに関わる。刑事の恩赦はよく知られているが、民事の「恩赦」もあるのだ。

「公務員の懲戒免除等に関する法律」を根拠に、岩手県は「昭和天皇の崩御に伴う職員の懲戒免除及び職員の賠償責任に基づく債務の免除に関する条例」という長い名前の条例を制定した。この条例は、「職員の賠償責任債務で昭和六四年一月七日〔つまり前天皇裕仁の死亡の日〕前における事由によるものは、将来に向かって免除する」というのだ。

恩赦同様、君主の恩恵を国民に垂れることによって、その死を全国民（この場合は全県民）で悼むという発想によるものである。天皇制を俎上にのせた裁判の途中に、被告側は天皇の死を奇貨として、被告の債務は消滅したと主張したのだ。判決はこの条例の効果を認めて、請求を棄却した。仮に前天皇の死がなければ、また仮に被告がこの条例の効果の援用を訴訟で主張しなければ、原告は主文でも勝訴していたのだ。

もう一つは、県議の責任については、過失が否定された。否定の理由の要旨は、「前例のない責任追及に鑑みて」ということ。今後の責任は、問いうることとなる。

安倍政権下特有の靖国問題

首相安倍晋三の、靖国神社参拝への執念は凄まじい。安倍個人の願望であるとともに、「靖国派」こぞっての宿願でもある。この執念や宿願は、日本の軍事大国化と密接に関係している。

旧軍の軍事的宗教施設であった靖国神社と国との関係は、かならずしも過去の問題ではなく、「新たな英霊」の処遇の問題にかかわっている。これまでも、靖国神社と国との関わりはきな臭いものだった。一九八五年夏に公式参拝を実現した当時の中曽根首相は、「国のために倒れた人に対して、国民が感謝をささげる場所なくして、だれが国に命を捧げるか」（八五年七月二七日の「自民党セミナー」での講演）と発言している。明らかに、近い将来において自衛隊員が「国に命を捧げる」事態あることを想定してのものである。過去の戦争犠牲者を悼むだけでなく、新たな戦争とその犠牲を厭わないという改憲派の立場を明確にしたものである。

しかし当時は、「新たな英霊をどう祀るか」は、飽くまで「将来においての課題」に過ぎなかった。安倍壊憲政権においては、この問題が喫緊の課題となりつつある。

昨年九月に集団的自衛権行使容認を内容とする戦争法の成立が強行され、今年三月には施行に至っている現在、自衛隊員の海外派兵と戦闘参加が既に法的には可能となっている。自衛隊員の戦闘死がリアリティをもって想定される事態なのだ。

そのとき、死者の扱い方が大きな問題となる。靖国神社への合祀問題もクローズアップされることになろう。かならずしも戦闘死である必要はない。海外派遣中の災害死でも交通事故死でも、同じことである。

かつての靖国神社への合祀は、将兵の戦死を名誉あるものとすることで、死を厭わない覚悟を涵養し士気を鼓舞する役割を果たした。今、安倍政権はそのような自衛隊の精神動員装置を必要としている。

二〇一三年一二月二六日、第二次安倍政権発足から一周年となるその日に、首相は靖国神社に昇殿参拝した。「内閣総理大臣　安倍晋三」と肩書記帳してのことで、首相としての公的資格における参拝というほかはない。岩手靖国訴訟仙台高裁判決が明確に違憲とした指摘に敢えてする挑戦であり、明らかに「壊憲」の試みと言わねばならない。

同日首相は「国のために戦い、尊い命を犠牲にされた御英霊に対し、哀悼の誠を捧げるとともに、尊崇の念を表し、御霊やすらかなれとご冥福をお祈りした」との談話を発表した。特定秘密保護法採決の強行（同月六日）直後のこと。「右翼の軍国主義者」としての姿勢を露わにしたものというほかはない。その後に、戦争法成立が強行され、施行された今、談話の内容も大きく変えたいところだろう。

内閣総理大臣の靖国神社公式参拝は、「隣国を刺激して国益に反するから」、あるいは「A級戦犯を合祀しているから」すべきではないというにとどまらない。隣国が目をつぶっても、戦犯の分祀が実現しても、公式参拝は許されない。主権者国民がその歴史の教訓から制定した日本国憲法において、禁止しているからである。

しかし、歴史修正主義者としての安倍晋三には、そのような観点はない。安倍が叫ぶスローガンは、「戦後レジームからの脱却」と「日本を取り戻す」ことである。この二つを組み合わせれば、「戦後レジームから脱却した、取り戻すべき日本」とは、大日本帝国憲法時代の「皇国日本」であり、彼の祖父・岸信介が商工大臣を務めた東条英機内閣時代の「軍国日本」以外にはない。まさしく、安倍こそは、典型的な歴史修正主義派の政治家であり、靖国史観の体現者でもある。

彼の認識においては、今ある靖国神社は、けっして一宗教法人ではない。皇国日本を支えた靖国の思想を顕現する場であり、軍国日本を支えた皇軍の英霊の聖なる社である。加えて、戦争法にもとづいて集団的自衛権行使の軍事行動に派遣されて死亡する自衛隊員の新たな英霊が眠るべき社でもある。

靖国神社公式参拝は日本国憲法が許容するところではない。それは、たまたま一条文に違反して形式的に違憲というだけの問題ではない。凝縮された歴史認識において、戦争の惨禍をけっして繰り返してはならないとする憲法制定時の主権者の叡智と決意との所産としての憲法の体系に反しているということなのである。

自民党の「日本国憲法改正草案」（二〇一二年四月二七日発表）を作成した憲法改正推進本部の最高顧問の一人として安倍は名を連ねている。この草案に明記された「天皇を戴く国」「国防軍を持つ国」「軍法会議を整備した国」こそが、安倍の望むところ。必然的に、天皇と軍との結節点である靖国神社への公式参拝を許容するように政教分離規定は書き改められようとしている。しかし、けっして天皇のために玉砕し散華した戦死者を神として祀り美化する宗教施設と国家との関わりを持たせてはならない。安倍のような危険な人物に、靖国神社公式参拝をさせてはならない。それが、「憲法を活かす」うえでの、極めて重要なテーマなのである。

「活憲」運動としての憲法訴訟

岩手靖国訴訟は、まぎれもなく憲法を活かす運動であった。これにかかわった多くの人びとが、この訴訟を通じて憲法が掲げる理念を活かし発展させようと精一杯の努力をした。

いうまでもないことだが、現行憲法は完成された「不磨の大典」ではない。さらに豊かな内容の憲法に進歩し発展していく途上にあるものではある。それでもなお、現行憲法がその根幹において人権と民主主義と平和の理念を高らかに謳いあげた貴重な存在であることも明らかである。憲法は単に憲法であるがゆえに尊からず、価値ある民主的理念を提示し、その諸理念を実現する手段としての実効性をもつが故にその限りで尊い。

憲法が規定する諸価値・諸理念は、実は目標として掲げられただけのものであって、すでに実現したものではない。たとえば、憲法は第一四条で法の下の平等を定めるだけでなく、さらに念を入れて第二四条で両性の本質的平等を定める。二重に規定された男女平等が実現しているかというと、社会で、職場で、家庭でそうなっていないのは周知のとおりだ。地方自治の本旨も、司法の独立も、黙秘権も、思想・良心の自由も、表現の自由も、健康で文化的な生活を営む権利も、教育を受ける権利も、すべて達成されたものではなく、これから実現されなければならない目標である。憲法は、その目標を掲げるとともに、目標獲得のための有効な手段でもある。私は憲法運動とは、これら憲法の理念を実現する運動であると理解する。諸課題における運動の集積として、憲法の改悪を阻止する運動が組まれることになる。

このような意味での憲法運動は、訴訟という形をとる必然性はない。多くの人に理念を訴え、それが憲法に支えられていることの正当性を強調して、世論の支持を得ることが基本であろう。しかし、訴訟もひとつの運動形態として重要であり、有効である。

訴訟を提起し勝訴判決を勝ち取るために力を合わせるという、分かりやすい形で運動が目に見えるものになる。原告団を結成し、訴訟支援者を結集し、傍聴に出かけ、報告会を行ない、ニュースを出し、マスコミに訴え……。目標が明確で舞台設定がきわめて具体的である。岩手訴訟で重視したことは、毎回の法廷と法廷準備を学習の場とすることだった。支援者が広がり、その確信が深まっていくという運動の手応えを感じた。現実に行政を変え、歴史をも変えうると、願いつつのことであった。

前述のとおり、岩手靖国公式参拝違憲訴訟は、数多ある「公式参拝促進決議」に異議を唱え、決議の中の首相と天皇の公式参拝を違憲と争ったものである。政教分離を求める運動あればこその提訴であった。県費から靖国神社に玉串料が支出されていることが判明するや、素早くこれに反応したことも、運動あればこそである。

岩手靖国違憲訴訟では、運動があって訴訟提起に結びつき、訴訟の提起が運動を拡げた。「政教分離を守る会」だけでなく、「原告団」ができ、「岩手靖国違憲訴訟を支援する会」ができて、財政を支え広報活動を行った。また、全国的な「政教分離を監視する会」とも連携をとり、さらに「政教分離訴訟全国交流会」もたびたび開かれて、有意義な経験交流をした。

今振り返れば、これこそが「憲法を活かす」取り組みであり、運動であったと思う。

おわりに

岩手靖国違憲訴訟は、政教分離訴訟としての、津地鎮祭訴訟や箕面忠魂碑訴訟を承継したものである。岩手訴訟のあとには、中曽根靖国参拝違憲訴訟が続き、天皇の代替わりにともなう大嘗祭関係の訴訟が各地に起こり、さらに小泉靖国参拝違憲訴訟があって、今は安倍参拝違憲訴訟が東京と大阪に係属している。理論と運動とに関する経験の蓄積を交流し合いながらの、訴訟の継続と進展である。

為政者の側の「壊憲」策動に抗いながら、違憲訴訟を提起する形での「活憲」の試みは、力強く連綿と続いている。

参照文献：澤藤統一郎『岩手靖国違憲訴訟』新日本出版社、一九九二年。
同「私が関わった裁判闘争」『フラタニティ』連載。創刊号：ロゴス、二〇一六年二月。

自民党は改憲政党だったのか
――「不都合な真実」を明らかにする

西川伸一

はじめに

安倍晋三首相は二〇一六年二月四日の衆院予算委員会で、夏の参院選では憲法改正を訴えて、その発議に必要な三分の二の議席確保を目指す旨を明言した。また、首相は自民党にとって改憲は立党以来の「党是」であるとしばしば発言している。たとえば、首相は二〇一六年三月二日の参院予算委員会で「自民党の立党当初から党是として憲法改正を掲げている。私は自民党総裁であり、先の選挙でも訴えているのだからそれを目指していきたい」(二〇一六年三月三日付『朝日新聞』)と答弁した。自らの主張の正当性を「立党以来」の伝統に求めようとしているかのようだ。

一九五五年一一月一五日に自由民主党が立党された。同日に、「立党宣言」「綱領」「党の性格」「党の使命」および「党の政綱」という五つの文書が採択された。これらのうち、「党の使命」と「党の政綱」に「現行憲法の自主的改正」が謳われている。しかも、「党の使命」では最終段落に記載されている六点の政策目標の最後にこの文言が置かれている。すなわち、「第六、現行憲法の自主的改正を始めとする独立体制の整備を強力に実行し」とある。それら六点をより具体的に解説している「党の政綱」でも同様の扱いになっている。実は立党当初の自民党にあっては、憲法改正は政策目標としての優先順位は低かったのである。

本当に自民党は憲法改正を立党以来の「党是」としてきた、れっきとした改憲政党だといえるのだろうか。以下では、党の公式文書や歴代自民党首相の公式発言をたどることでこれを再検討する。

第1節　党史にはどう書かれてきたのか

自民党の正史にみる「憲法改正」（一）～突出する『五十年史』

自民党自身が編集発行した党史、言い換えれば党の正史を著した書物には次の五篇がある（次頁表）。

これらにおける「憲法改正」の記述を新しい順にみていく。

まず、安倍晋三総裁下で二〇〇六年に刊行された『自由民主党五十年史』である。その第1部第1章の3の節タイトルは、「憲法改正を党是に」となっている（自由民主党 二〇〇六a：五四頁）。重ねて本文では、上記「政綱」での記載を踏まえて、「憲法の自主的改正は結党時の「一般政策」

表：自民党の「正史」刊行物

	書　名	刊行年	総　裁	幹事長
1	自民党史	1961	池田勇人	前尾繁三郎
2	自由民主党十年の歩み	1966	佐藤栄作	田中角栄
3	自由民主党二十年の歩み	1975	三木武夫	中曽根康弘
4	自由民主党党史	1987	中曽根康弘	竹下登
5	自由民主党五十年史	2006	安倍晋三	中川秀直

注１）総裁、幹事長はいずれも刊行時に就いていた者である。
注２）『自由民主党党史』には本巻に加えて、「証言・写真編」「資料編」がある。
注３）『自由民主党五十年史』は本巻が上下２巻からなり、加えて CD-ROM 版の「資料編」がある。

および「緊急政策」にも明記された。憲法改正こそ自民党の党是であり、結党の原点である」と言い切っている（同：五八頁）。

「一般政策」および「緊急政策」とは、自民党の結成大会で発表されたものである。確かに「憲法の自主的改正」は明記されているが、記載順は「政綱」に準拠した「一般政策」では最後の六番目、「緊急政策」でも最後の八番目になっている。これらは重要度や優先順位の高い順に書かれているはずなので、「結党の原点」にしては位置づけが低すぎよう。

『五十年史』の「三　憲法改正を党是に」の節は、「新党結成大会」、「立党宣言・綱領」、「六大政綱」、「組織活動要綱」、そして「自民党結党の意義」の五項目を中身としている。党としての最上位文書である立党宣言・綱領にない主張を、しかも六大政綱（上述の「党の政綱」）の六番目に置かれたことを節のタイトルとして大書するのは、公平な記述といえるのかと疑問を感じる。

加えて、新党結成大会で採択された上述の五つの文書のうち「新党の使命」（上述の「党の使命」）については、その六項目を列挙した上で、「「現行憲法の自主的改正」の方針が堂々と明示された」と書いている（同：四九）。これも他の四篇の自民党史にはない「破格」の形容である。

自民党の正史にみる「憲法改正」（二）〜謙抑的な他の四篇

次に、一九八七年刊行の『自由民主党党史』ではいかに記述されているか。第2部第1章の第4節「自由民主党の結成」は、自由民主党結成大会、立党宣言と綱領、一般政策と緊急政策、党則による諸機関、総裁公選規程、使命感の六項目を収めている。そこには「現行憲法の自主的改正」を謳った政綱は掲載されておらず、その全文は資料編に回されている。本巻では「「一般政策」は、「党の政綱」を敷衍したものであったが、特に「独立体制の整備」の項は、憲法改正問題、自衛権問題について、詳細に述べている」として、その一部を引用している（自由民主党 一九八七：一二〇頁）。上位の文書である政綱を差し置いて、「一般政策」が引用されているのだ。

確かに、結党に先だって日本民主党と自由党の代表者で構成された政策委員会の記述のところで、政綱にある「現行憲法の自主的改正」をめぐる言及はなされている。ただし、「堂々と」などという仰々しさはなく、謙抑的な記述にとどまっている。いわく、「「現行憲法の自主的改正」

の問題については、その後、党の憲法調査会で研究が重ねられ、党は、憲法改正の必要とその方向につき、国民の十分な理解と納得を求めるべくつとめてきた」（同：一〇四頁）。

一九七五年に出された『自由民主党二十年の歩み』ではどうか。ここでは総裁ごとの党史を第一編とし、政策の推移、党近代化への歩みなどを第二編以降としている。政綱は第二編第一章に「一　立党当時の政綱」として全文引用されている。付された解説には、「立党のときの政綱や使命、性格がその後も一貫して自由民主党の政策の基調となっていることはもちろんである」とある（自由民主党 一九七五：一四〇頁）。「党是」ではなく「政策の基調」と表記されているのである。

そして、一九六六年の『自由民主党十年の歩み』には冒頭に「立党の精神」として、上記の立党時に決定された五つの文書が全文掲載されている。その後、「結党までの経過（前史）」、「党十年の歩み」と叙述は続く。政綱は「党十年の歩み」の第二編第一章に「政策の基本方針を示す」（自由民主党 一九六六：一〇五頁）存在と位置づけられて、再度全文が引かれている。さらに、既述の「一般政策」のうち、自主憲法制定を目指すなどと書かれている「独立体制の整備」の箇所だけが引用される（同：一〇七―一〇八頁）。しかし、特段の解説は付されていない。

五篇の党史のうちで最も古い、立党六年足らずで刊行された『自民党史』では、目次が始まる頁の右頁に三か条からなる綱領が一頁を使って麗々しく掲げられている。政綱は全文引用され、その上で「独占（ママ）体制の整備においては、まず憲法について、平和主義、民主主義及び基本的人権尊重の原則を堅持して自主的な改正をはかることを掲げ」(自民党史編纂委員会一九六一:六五頁)と、政綱本文とほとんどかわらない「説明」がある。

自民党史のうち、憲法改正を「党是」と規定したのは、『自由民主党五十年史』のみである。

第2節　綱領的文書にはどう書かれてきたのか

見送られた五〇年綱領

安倍首相の言うように、憲法改正が自民党の「立党以来の党是」だとすれば、党の綱領的文書にそれが常に謳われてきたはずである。上述のとおり、自民党立党時に採択された綱領にそれはなく、付属的な政綱に記された。すなわち、「平和主義、民主主義及び基本的人権尊重の原則を堅持しつつ、現行憲法の自主的改正をはかり、また占領諸法制を再検討し、国情に即してこれが改廃を行う」(自由民主党 二〇〇六c:五頁)。

それ以降、綱領や政綱の改正はずっと行われなかった。一九六五年一月の「自由民主党基本憲章」には憲法改正への言及はない。一九七四年七月の参院選敗北を受けて、自民党は党の体質改善の一環として綱領・政綱の再検討に着手する。党綱領委員会(会長・石田博英)が設置され、同年一一月には新綱領草案がまとめられた。それまで四か月にわたって十数回の議論が委員会でなされた。委員には宮澤喜一、安倍晋太郎、金丸信、田村元、河野洋平らが名を連ねた。

憲法改正については、すでに九月一八日の第三回の会合で「憲法論より、どんな社会を目指すのか、その方向づけをするのが先決」として、討議の対象からはずされた。改憲問題を取り上げることは党のイメージダウンに通じるとの計算もあったという（一九七四年九月一九日付『読売新聞』）。

昭和五〇年にちなんだ別名「五〇年綱領」は、一九七五年一月の党大会で正式決定される予定であった。だが、草案が憲法改正に触れていなかったことに党内タカ派が強く反発するなど、様々な批判が吹きだした。そこで執行部は意見集約を断念して、党大会への提出を見送った。

新政綱も決定に至らず

一九七五年一一月の結党二〇周年が近づくにつれて、党内に再び綱領改正の機運が高まる。一〇月一三日に、松野頼三政調会長を中心に議論を詰めていき、一一月二九日の立党二〇年記念式典に新綱領を発表した後、翌年一月の定期党大会で正式決定する運びとなった。一〇月一七日には、松野を委員長とする「党綱領改正起草委員会」が正式に設置される。ところが、三木武夫総裁（首相）も出席したその初会合で綱領改正は棚上げされ、政綱と「党の使命」だけが検討課題とされた。そのため、委員会の名称も「党政綱等改正起草委員会」と変えられた。新政綱草案を作成したのは、同委員会幹事会（河野洋平座長）であった。これが「自主憲法の制定」を打ち出していなかったことに、党内タカ派がやはり異を唱えた。そのため、松野会長が新政綱に「国民の合意を得て現行憲法を再検討する」との「前文」を付ける妥協案を示した。それでもタカ派は「再検討という表現では弱すぎる」と譲らなかった。結局、新政綱は一一月二九日の結党二〇年記念式典には間に合わなかった（一九七六年一月六日付『同』）。

一九七六年一月一四日に、党内タカ派とハト派は「現行憲法を再検討し、国民の合意を得てその改正をはかる」との文言で折り合った。新政綱は前文と七大政策からなっていた。それは前文では憲法問題についてだけ述べ、七大政策にはそれが入っていなかった（一九七六年一月一五日付『同』）。妥協の代物である。しかも、七大政策の項目について説明文の作成まで手が回らなかった。一月二一日の党大会における松野会長による「政綱及び政策に関する報告」では、党政綱改正についいては「中間報告」の形式を取ることになる。松野は「各項目の具体的内容は今後さらに検討を続け、成案を得たうえで正規の手続きを経て新政綱のご決定を願いたいと存じます」と見通しを語った（自由民主党 二〇〇六c：三六七頁）。しかし、その後新政綱は党としての決定に至らず、政綱改正は断念された。

特別宣言・新政策綱領

次に党の基本文書見直しが議論されたのは、立党三〇年の節目となる一九八五年のことである。それは同年一月、一九八三年の総選挙で初当選した田中秀征が自民党機関紙『自由新報』に「「60年綱領」制定しよう」との論文を発表したことにはじまる（一九八五年一月一五・二二日付『同』合併号）。周知のとおり、田中は一九九三年に自民党を離党し新党さきがけの旗揚げに加わり、細川護熙内閣では首相特別補佐を務めた。

田中は「現行の綱領等は、当時の時代背景を色濃く反映し、時代認識のズレは覆うべくもない」として、その経済認識、外交認識、および反共対決姿勢を挙げている。これらを全面的に書き改め、「21世紀をも射程距離に置く「60年綱領」を制定してわれわれの決意を内外に、そして将来に示そうではないか」と結んでいる。ただ、憲法にはまったく触れていない。

当時の金丸信幹事長がこの投稿に注目し、四月に党政綱等改正委員会を発足させその具体化を指示した。委員長には井出一太郎が就いた。渡辺美智雄幹事長代理を長とする小委員会が設けられ、そこでたたき台がつくられることになる。結党時の五つの基本文書はすでに時代にそぐわない記述もあるが、歴史的文書として残し、新たに特別宣言と政策綱領を策定することになった。

小委員会は九月一五日までに大筋の案をまとめる。政策綱領の「基本姿勢」では、憲法について「今後とも、平和主義、基本的人権、主権在民等の日本国憲法の原則と精神を尊重するとともに、それらが時代の変化に即して有効に発揮されるよう絶えず見直す努力をする」と書かれていた（一九八五年九月一六日付『朝日新聞』）。政綱にある「現行憲法の自主的改正」からは後退した表現であった。

一〇月二日に井出委員長は特別宣言と政策綱領の原案をまとめた。政策綱領には「日本国憲法の原則と精神を尊重するとともに、絶えず厳しく憲法を見直す努力を続ける」と記された。田中ら小委員会の若手メンバーは、「現行憲法は国民の間に定着している」「「改憲」をうたわなくても、「見直し」の表現を使うことで、改憲推進勢力の納得もえられるはず」などの意図をこの文言に込めた。興味深いのは、改憲論者を自認する中曽根康弘首相が、井出の原案について「よく出来ているのではないか」と述べたと伝えられたことだ（一〇月三日付『同』）。

ところが、改憲派議員からその後、強い巻き返しがなされていく。政綱にある「現行憲法の自主的改正」という表現が削られたことに猛反発したのだ。一〇月中に、党で憲法問題を扱う正式機関である憲法調査会の正副会長会議や総会が幾度か開かれ、新政策綱領の憲法表現をめぐって協議が続いた。こうした党内論議を考慮しながら、政調審議会が主導して最終案を取りまとめていった。そして、一〇月三一日にようやく決着をみる。「わが党は、自主憲法の制定即ち憲法の自主的改正を、立党以来の党是としている。今後とも平和主義、民主主義、基本的人権尊重の原則を堅持しつつ、時代の変遷に即して現行憲法の改正につき検討を進める」と（一一月一日付『同』）。原案にはなかった改憲論の党史的正当性が打ち出されたのである。

一一月一日の役員会と総務会で、「自由民主党特別宣言　二十一世紀へのわれわれの決意」とともに、上記文言を含んだ「自由民主党新政策綱領　二十一世紀を目指すわれわれの基本政策」が決定された。しかし、一一月一二日の両院議員総会はすんなりとは運ばなかった。原案を修正されたことに不満をもつ、憲法改正に慎重な議員が活発に発言したことによる。

改憲慎重派の憤懣

その一人の藤井勝志衆院議員は「党以来の党是、などの表現には賛成できない」と述べた。また、白川勝彦衆院議員は「改憲が「党是」というが、30年前の綱領の5本柱にも入っておらず、やっと「党の使命」の7項目目に書いてある。改憲、改憲と鬼の首をとったように言うが、もともと、それほど大きな位置づけはされていない。私の意見が極端な少数意見とは思わない。今回はかなり強引な形で結論を押しつけられた。結党50周年の際には別の形にしたい」と加勢した。これらに、改憲派の浜田幸一衆院議員が「武力を放棄した第9条は国家の存立をも放棄するものであり当然、改正すべきだ」などと反論して、会場はヤジが飛び交う有様となった（一九八五年一一月一三日付『朝日新聞』）。

異例の紛糾をみせた両院議員総会は、採決はせずに「満場一致」によって「特別宣言」と「新政策綱領」を了承した。これら二文書は、一一月一五日の立党三〇周年記念式典において、「渡辺美智雄政綱等改正委員長代理が内容説明を行い、満場一致でその趣旨に賛同した」（自由民主党二〇〇六b：六一頁）。「新政策綱領」の冒頭に掲げられた八項目からなる「わが党の基本姿勢」のうち、上記の憲法問題の文言は七番目に置かれた。

「自主憲法制定」を明記しなかった「新宣言」

一九九三年八月の細川連立内閣が成立し、自民党は結党以来はじめて野党に転落した。その直前に総裁は宮澤喜一から河野洋平に代わった。翌一九九四年四月に河野は抜本的な党改革に乗り出す。そのための総裁直属機関として「党基本問題調査会」を立ち上げた旨を表明した。けれども、一九九四年六月に村山富市社会党委員長を首相に担いだ自社さ連立内閣が成立し、自民党が政権に復帰したことから、党改革への歩みは鈍化する。党基本問題調査会が後藤田正晴元副総理を会長として発足するのは、ようやく一〇月のことであった。翌年一月の党大会までに改革案をまとめるスケジュールで、党の理念、綱領など基本方針も検討対象とされた。最大の争点は、自主憲法制定という「党是」をどう扱うかであった。

新たに策定される基本理念・綱領へのその書き入れ方について、当初案では「すべての法体系の見直し」となっていた。護憲的な立場の後藤田会長の意向を反映したものであろう。これに同調査会の渡辺美智雄顧問・元副総理が新憲法制定の姿勢を明確にするよう強く迫ったため、文言調整は難航した（一九九四年一二月一五日付『読売新聞』）。

一二月一六日に河野総裁に答申された「新宣言」ではこう記載された。「すでに定着している平和主義や基本的人権の尊重などの諸原則を踏まえて、時代の変化に適応するため、国民と共に幅広く論議を進めていきたい」（一二月一七日付『同』／傍線は引用者）。これにより、「現行憲法の自主的改正」との主張が党の公式文書から降ろされた。憲法改正は「党是」ではなくなったのである。

だが、この「新宣言」を党議決定して党大会に諮るためには、総務会の了承を取り付ける必要がある。そこで異論が噴出することが明らかであったため、調査会は改憲派にも受け入れ可能な「玉虫色」の表現を模索していく。前記の傍線部の文言は、以下のとおり修正されていった。

一二月二二日修正案：二十一世紀に向けた新しい時代にふさわしい憲法のあり方について、国民とともに幅広く積極的に論議を進める。

一二月二三日最終修正案（同日の総務会に報告）：二十一世紀に向けた新しい時代にふさわしい憲法のあり方について、国民と共に幅広く、真摯に論議を進めていく。→総務会で執行部一任を了承。

一二月二四日森喜朗幹事長による再修正案：二十一世紀に向けた新しい時代にふさわしい憲法のあり方について、国民と共に論議を進めていく。→同日の総務会で了承。

当時の『読売新聞』を参照に作成。

一九九五年一月一九日予定の党大会は、前々日一七日に発生した阪神・淡路大震災のため延期される。そして、三月五日の党大会で「理念」「新綱領」「新宣言」の三文書を正式決定した。憲法問題は一八段落からなる「新宣言」のうちの一六段落目に記述された。

「国の指針となる憲法については、すでに定着している平和主義や基本的人権の尊重などの諸原則を踏まえて、二十一世紀に向けた新しい時代にふさわしい憲法のあり方について、国民と共に議論を進めていきます」（自由民主党二〇〇六c：二五頁）。

それでも改憲派は、改憲方針を温存できたと考えた（二〇一五年六月二四日付『朝日新聞』）。

「新綱領」で改憲主張が復活・冒頭へ

このように自民党は立党以来一〇年ごとに基本文書の見直しを行ってきた。立党五〇年を迎える二〇〇五年を前にして、同様の作業が行われていく。当時は小泉純一郎総裁・安倍晋三幹事長のコンビであった。安倍幹事長が党のあり方などを検討する「基本理念委員会」を提案し、二〇〇三年一二月にそれが安倍の私的諮問機関として設置される。委員長には与謝野馨衆院議員が就いた。

基本理念委員会は二〇〇四年六月に新しい党の「理念」と「綱領」の原案を安倍幹事長に答申

した。注目すべきは、「綱領」案の第一項が、「近い将来、新憲法が制定されるよう、国民合意の形成に努める」と謳っていることである（二〇〇四年六月一二日付『朝日新聞』）。七月の参院選をにらんでのとりまとめであった。こうして臨んだ参院選で、自民党は改選議席を一議席減らしてふるわなかった。九月になって、総裁直属の「新理念・綱領に関する委員会」が設置され、幹事長の安倍が委員長に収まる。しかし、安倍はまもなく幹事長を引責辞任し、幹事長代理に降格される。幹事長は武部勤に代わる。基本理念委員会の原案は、武部の下で議論が続けられることになる。

新理念・綱領に関する委員会が検討した党の新理念・綱領案は、二〇〇五年三月に一応の成案を得て、安倍幹事長代理から小泉総裁に報告され、大筋で了承された。四月には最終案が総務会で了承された。一一月二二日の立党五〇年記念党大会で、それが武部幹事長から発表された。前出の『自由民主党五十年史』には「「新綱領」には、これまでの綱領には盛り込まれていない「憲法」について新たな一項を起こし、これを冒頭に配置することにより、新しい憲法制定にかける自民党の決意を強く打ち出した」と評されている（自由民主党二〇〇六b：四八一頁）。

新綱領の第一項は「私たちは近い将来、自立した国民意識のもとで新しい憲法が制定されるよう、国民合意の形成に努めます。そのため、党内外の実質的論議が進展するよう努めます」となっている（自由民主党二〇〇六c：二六頁）。

自主憲法制定が党の公式文書から消えてから一〇年して、今度はそれが新綱領の冒頭に掲げられる一八〇度の転換がなされたのである。時代背景として次のことが指摘できよう。二〇〇〇年一月に衆参両院で憲法調査会が設置され、二〇〇五年四月にそれぞれの最終報告書が出された。自民党も二〇〇四年一二月に党新憲法制定推進本部を設置し、二〇〇五年一〇月に自民党新憲法草案を公表した。

最新の綱領では「新憲法制定」を明言

自民党の最新の綱領的文書は、野党時代の二〇一〇年一月二四日の第七七回党大会で決定された「平成二二年（二〇一〇年）綱領」である。二〇〇九年九月の野党転落後、谷垣禎一が新総裁に就任し、政権奪還を目指して谷垣総裁自らを議長とする「政権構想会議」が設置された。河野太郎・現国家公安委員長や舛添要一・現東京都知事もそのメンバーに入っている（二〇〇九年一〇月一〇日付『読売新聞』）。同年一一月六日に第一次勧告が、一二月一五日には第二次勧告がまとめられた。第二次勧告は「時代の変化に対応し、国際貢献するための憲法改正」を提起した。同日に自民党は新たな党綱領の策定する方針を明らかにする。そのために「綱領策定委員会」が設けられた。それは「政権構想会議」のメンバーに首相経験者を加えた委員構成となった。この委員会は二〇一〇年一月一九日に新綱領の原案をまとめた。

一月二四日の党大会で発表された成案は、二〇四〇字にも及んだ。一九五五年の「綱領」はわずか一七二文字、二〇〇五年の「新綱領」は一一〇八字であるのに対して、格段の分量の多さである。そのうち半分以上の一三一六字を「現状認識」が占める。「方便政党」民主党とは違って、保守政党として一本筋が通っていることを綿々と訴えている。続いて、自民党の自己規定、基本政策、そして目指すべき日本像がそれぞれ骨太に展開される。

憲法改正は基本政策の一番目に書かれている。「日本らしい日本の姿を示し、世界に貢献できる新憲法の制定を目指す」。実はこれが自民党の綱領的文書のなかで、いちばんずばりと憲法改正を主張している。綱領的文書の上では、自民党は一九八五年に改憲政党への瀬踏みをはじめ、二〇一〇年にその「渡河」を果たしたとみるべきだろう。その後二〇一二年四月には「日本国憲法改正草案」を決定し、同年一二月に政権に復帰する。

第3節　自民党首相は国会演説でどう発言してきたのか

鳩山一郎の改憲演説

自民党結党時の首相は鳩山一郎であった。鳩山は一九五五年一一月二二日に第三次内閣を発足させ、一二月二日に衆参それぞれの本会議で所信表明演説を行った。ここで鳩山は、第一次内閣および第二次内閣で方針とした平和外交の推進と国民生活の安定に引き続き努めるとした。それに留まらず、新たに「保守党による絶対多数党内閣の仕事として」三つの目標を掲げた。「その第一は、憲法の改正であります。わが国を真の独立国家に立ち返らせるためには、何よりもまず、国の大本を定める憲法を国民の総意によって自主独立の態勢に合致するよう作りかえることが大切であることは、言うまでもございません。(拍手)このために、内閣に憲法調査会を設置する手続をとりまして、慎重にその準備を進めなければならないと考えております」。

鳩山がこの演説をした第二三回臨時国会召集時の国会勢力は、衆議院で総議席四六七議席のうち自民党は二九九議席を占めていた。憲法改正発議に必要な総議席の三分の二以上にあたる三一一議席に手の届きそうな数をもっていた。一方、総議席二五〇議席の参議院では自民党は一一八議席にとどまっており、三分の二以上の一六七議席にはかなり遠かった。

それでも鳩山は憲法改正に意欲的であった。続く第二四回通常国会における施政方針演説(一九五六年一月三〇日)でも、鳩山はそれを「心から日本の独立をこいねがう為政者としては、終戦十年の今日、何よりも先に考えなければならない当然の責任である」と訴えた。加えて、「日本国民が、みずからの手によってみずからの憲法を作り上げる準備を進めるために、まず内閣に憲法調査会を設ける手続をとつて、慎重に検討を開始すべきであると考えております」と改憲への具体的手順を示した。

一九五六年七月八日に第四回参議院通常選挙が行われた。自民党が結党後はじめて迎える国政選挙であった。結果は自民党が改選議席と同じ六一議席にとどまったのに対して、社会党は四九議席を獲得し改選前に比べて一二議席増であった。七月一〇日付『読売新聞』は一面トップの見出しを「参院選・革新三分の一を獲得」とした。そして社説では「社会党の進出を促した原因としては（略）憲法改正反対をこんどの選挙の争点として巧妙に利用したこと」などと書いた。

憲法改正が現実的には困難になったことは、認めざるを得なかった。それが鳩山以降の首相の施政方針演説、あるいは所信表明演説（以下、国会演説と総称）に反映されていく。

池田勇人による改憲先送り

鳩山の後任首相は石橋湛山であった。一二月二三日に石橋内閣が発足する。ところが、石橋は全国遊説の過労がたたって翌一九五七年一月二三日には病床についてしまう。石橋に代わって、岸信介外務大臣が首相臨時代理となり、第二八回通常国会での石橋内閣の施政方針演説を二月四日に行った。ここでも憲法については一言も触れられていない。

岸から鈴木善幸まで両者を含めて八人が首相の座についた。合計で六二回の国会演説を行っている。それらのうち、憲法改正に言及したのは池田勇人による一回のみであった。

一九六〇年七月一九日に首相に指名された池田は、同年一〇月二一日の第三六回臨時国会での施政方針演説でこう述べている。

「現在、わが国においては諸制度の改正をめぐって各種の論議があり、憲法については、現行制度を維持すべきか改正すべきかの論争が展開されております。このような論争は、本来、問題の本質が国民各層の間で十分論議せられ、相当の年月を経て国民世論が自然に一つの方向に向かって成熟した際に、初めて結論を下すべきものと考えます」。

鳩山が示した切迫感はまったくなく、憲法改正は当面考えないと事実上宣言しているに等しい。その後、池田は第四六回通常国会での施政方針演説（一九六四年一月二一日）で、前出の憲法調査会の最終報告書が年内に提出されることを報告している。「本年は、憲法調査会の八年にわたる審議の結果が報告される予定であります。私は、この機会に国家と民族の基本について国民諸君の理解が一そう深まることを期待すると同時に、世論の動向を十分に尊重し慎重に対処いたしたいと考えます」。ここにも改憲への意欲をくみ取ることができない。実際に、憲法調査会の「憲法調査会報告書」が内閣と国会に提出されたのは、一九六四年七月三日である。

池田が東京五輪を見届けて退陣したあと、一九六四年一一月九日に佐藤栄作が首相の座に就いた。佐藤は一一月二一日に所信表明演説を行う。そこで上記報告書の提出が取り上げられた。「憲法調査会から報告書が提出されました。事は国政の基本を定める憲法の問題であり、政府は、報告書にあらわれた意見について、慎重な態度で、国民各位とともに、十分考えてみたいと存じます」。

憲法調査会は設置から八年の間熱心な活動を続けた。最終報告書は本文が一二〇〇頁もあり、付属文書は合計で四三〇〇頁にも達した。その労力に報いる首相の発言にしては、淡泊すぎるのではないか。

平和主義者としての田中角栄

実に七年八か月に及んだ佐藤長期政権のあと、「今太閤」田中角栄が首相に上り詰める。その最初の所信表明演説（一九七二年一〇月二八日）の最後の部分を引こう。

「戦後四半世紀にわたりわが国は、平和憲法のもとに一貫して平和国家としてのあり方を堅持し、国際社会との協調融和の中で発展の道を求めてまいりました。私は、外においてはあらゆる国との平和維持に努力し、内にあっては国民福祉の向上に最善を尽くすことを政治の目標としてまいります。世界の国々からは一そう信頼され、国民の一人一人がこの国に生をうけたことを喜びとする国をつくり上げていくため、全力を傾けてまいります」。

田中は「平和憲法」という言い方を使って、日本国憲法の平和主義を高く評価した。さらに、田中はこの臨時国会中の参院予算委員会で踏み込んだ発言をする。「法律条文というものは時の流れで変わることはありますが、憲法の条章というものはこれはもう不変のものであると、こう考えべき(ママ)だと思います」(一九七二年一一月一〇日)。改憲が自民党結党以来の「党是」であったはずだが、田中はあっさりそれを否定している。

加えて、一九七三年六月七日の衆院内閣委員会で、田中は次の答弁をした。「憲法九条は絶対に改正をしないということは、自民党の政策の中でも、自民党はみないっておるんです」。これが事実かどうかは別の吟味が必要となろう。とまれ、首相がここまで言い切った意味は大きい。兵役体験をもち命からがら朝鮮半島から引き揚げた田中は、紛れもない平和主義者であった。

「平和憲法」との言葉遣いは田中の後任首相の三木武夫の施政方針演説(一九七六年一月二三日)にも受け継がれた。三木の後の福田赳夫、大平正芳の両首相とも国会演説で憲法に言及することはなかった。大平の急死と初の衆参同日選を経て首相に就任した鈴木善幸は、第九四回通常国会の施政方針演説(一九八一年一月二六日)に「平和憲法」という言葉を入れている。

改憲論者・中曽根康弘も改憲を語らず

鈴木退陣後、満を持していた中曽根康弘が田中派の支援を受けてついに首相になる。自身で「憲法改正の歌」を作詞するほど改憲への強い熱意もつ中曽根をしても、その国会演説では改憲論者の本音は出さなかった。それどころか、初の国会演説となった第九八回通常国会での施政方針演説(一九八三年一月二四日)では、憲法を持ち上げている。

「戦後日本の繁栄は、自由と平和、民主主義と基本的人権の尊重を高らかにうたった現行憲法、わが国の長期にわたる平和と安全のための基盤となったサンフランシスコ平和条約と日米安全保障体制の上に花開いたのであります」。「わが国の戦後の発展は、何よりも新憲法のもたらした民主主義と自由主義によって、日本国民の自由闊達な進取の個性が開放され、経済社会のあらゆる面に発揮されたことによるものであります」。

ロッキード事件をめぐる田中角栄元首相への一九八三年一〇月の東京地裁の有罪判決を受けたいわゆる田中判決解散が同年一一月にあった。総選挙で自民党は改選議席を三四議席も減らし過半数割れした。中曽根は新自由クラブとの連立でかろうじて政権を維持した。再び首相に指名された第一〇一回特別国会での施政方針演説（一九八四年二月六日）で、中曽根は「平和憲法のもとで（略）軍事大国にならない」と述べた。

そして、中曽根は次の第一〇二回通常国会での施政方針演説（一九八五年一月二五日）、第一〇三回臨時国会での所信表明演説（一九八五年一〇月一四日）、さらに第一〇四回通常国会での施政方針演説（一九八六年一月二七日）でも、「平和憲法」という言葉を使って同趣旨の主張を繰り返した。一九八六年の衆参同日選で大勝したのちの第一〇七回臨時国会での所信表明演説（同年九月一二日）、続く第一〇八回通常国会での施政方針演説（一九八七年一月二六日）でも、それは変わらなかった。

中曽根は首相として一〇回の国会演説を行った。そのうち六回で「平和憲法」という言葉を用いて軍事大国にならないと繰り返した。それは防衛費の対GNP一%枠突破など中曽根政権の軍拡路線を糊塗する「アリバイ」に使われたともいえる。その留保はあるにせよ、衆院で三〇〇議席を獲得した同日選挙後も、憲法改正についてついて国会演説ではついぞ中曽根の口から語られず仕舞いであった。

小泉純一郎が「憲法改正」を演説に入れる

中曽根から首相の座を禅譲された竹下登から森喜朗まで七人の自民党首相がいる。合計で二七回の国会演説をしているが、憲法改正を取り上げたものは一つもない。ただ、小渕恵三が第一四七回通常国会での施政方針演説（二〇〇〇年一月二八日）で、衆参両院への憲法調査会設置について言及している。

森の次の小泉純一郎首相は、第一六二回通常国会での施政方針演説（二〇〇四年一月一九日）でこう述べた。「戦後六十年を迎える中、憲法の見直しに関する論議が与野党で行われております。新しい時代の憲法のあり方について、大いに議論を深める時期であると考えます」。これは上記の憲法調査会における議論を指している。

その後、いわゆる郵政解散による総選挙（二〇〇五年九月一一日）で自民党は大勝し、小泉は余裕をもって首相の座に留まり続けた。その小泉が第一六四回通常国会での施政方針演説（二〇〇六年一月二〇日）で、「憲法改正のための国民投票の手続を定める法案については、憲法の定めに沿って整備されるべきものと考えます」と発言したのは、注目すべきだろう。実は首相が国会演説の演説文に「憲法改正」を入れたのは、鳩山一郎以来のことだった。

国民投票法の成立

いよいよ、安倍晋三首相の登場となる。第一六五回臨時国会での所信表明演説（二〇〇六年九月二九日）で、安倍は小泉の前記の国会演説での論理を引き継いで、戦後六〇年を節目とした憲法論議に触れた。その上で、「まずは、日本国憲法の改正手続に関する法律案の早期成立を期待します」と述べた。二〇〇七年五月に同法は成立する。

二〇〇七年参院選は自民党が惨敗して、ねじれ国会となった。第一六八回臨時国会での所信方針演説（二〇〇七年九月一〇日）で、安倍は国民投票法の成立を誇ったが、九月二六日に病気を理由に安倍は内閣総辞職する。居抜き内閣で後を継いだ福田康夫首相は、第一六九回通常国会の施政方針演説（二〇〇八年一月一八日）で国民投票法の成立を指摘した上で、憲法改正論議の高まりを望んだ。「国会のしかるべき場において、（略）改正するとすればどのような内容かなど、すべての政党の参加のもとで、幅広い合意を求めて、真摯な議論が行われることを強く期待しております」。

ねじれ国会を打開する展望が開けず、福田は二〇〇八年九月に辞任を表明し、麻生太郎が首相となる。麻生は国会演説に憲法改正を盛り込むことはなかった。追い込まれる形で二〇〇九年七月に衆院を解散する。八月の総選挙で自民党は歴史的大敗を喫して、結党以来二度目の下野に追い込まれる。

憲法改正を正面に掲げた安倍晋三

戦後初の本格的な政権交代として成立した民主党政権は、稚拙な政権運営に東日本大震災という未曽有の大災害も重なり、国民の支持を大きく失う。民主党政権で三人目の首相となる野田佳彦は二〇一二年一一月に解散に踏み切り、翌月の総選挙で自民党が圧勝する。自民党総裁の安倍が再び首相に就任した。

安倍首相の国会演説はまず所信表明演説として行われた（二〇一三年一月二九日）。依然として続く国会のねじれ状態を配慮してか、安倍は憲法を持ち出さなかった。翌二月二八日には、安倍は施政方針演説を行う。ここでは、「憲法審査会の議論を促進し、憲法改正に向けた国民的な議論を深めようではありませんか」と憲法改正の方針を明言した。背景には高い内閣支持率があったのだろう。日本政治の右傾化の深まりも見逃せない。

二〇一三年七月の参院選で自民党は改選議席の過半数を上回る議席を確保した。連立を組む公明党の議席とあわせて参院全体の過半数を押さえて、ねじれ状態は解消された。第一八五回通常国会での所信表明演説（二〇一三年一〇月一五日）で、安倍は最後に訴えている。「憲法改正について、国民投票の手続を整え、国民的な議論をさらに深めながら、今こそ前に進んでいこうではありませんか」。次の第一八六回通常国会での施政方針演説（二〇一四年一月二四日）では、安倍は「憲法改正も、必ずや前に進んでいくことができると信じております」と結んだ。

二〇一四年一二月の総選挙のあと、第一八九回通常国会での施政方針演説（二〇一五年二月一二日）でも、最後に改憲へのメッセージを配する演説構成になっている。「憲法改正に向けた国民的な議論を深めていこうではありませんか」。そして、第一九〇回通常国会での施政方針演説（二〇一六年一月二二日）でも、憲法改正への強い意欲を示して演説を閉じた。国会演説でここまで「執拗」に憲法改正を唱え続けた首相は、安倍をおいてほかにいない。

むすび

自民党は改憲政党だったのか。歴史を振り返ると、自民党史の上でも自民党政権史の上でも、そのようには言い切れないことがわかる。綱領的文書で憲法改正を棚上げした時代もあった。歴代自民党首相も、田中角栄を筆頭として改憲に慎重な首相がむしろ多数派であった。これらが「不都合な真実」である。

ところが、党の正史で最新のものはいわば安倍史観で塗り替えられ、後付け的に憲法改正を結党以来の党是とことさらに強調している。安倍によって、党史をめぐる「歴史認識」は「修正」された。しかし、上記の白川勝彦が述べたように、「〈改憲は〉もともと、それほど大きな位置づけはされていない」のが事実ではないか。

安倍は二〇一二年に再び総裁に就き、総選挙に大勝して首相に返り咲いた。議員の世代交代と衆院選に導入されて二〇年になる小選挙区制の「効用」もあって、党内に護憲派の議員はもはやいないに等しい。著しい単色化である。だからこそ、護憲派の古賀誠・元幹事長が「戦争を知る世代の政治家の責任」だとして、『しんぶん赤旗』(二〇一三年六月二日号)に登場したのだ。安倍は党内の改憲バネに恵まれ、その党史上の「正当性」も振りかざして、自身の「悲願」を遂げようとしている。

党外からの強力な圧力によって、改憲バネの利きを押しとどめられるか。日本政治の針路はこの一点にかかっている。

引用・参照文献

国会会議録検索システム(http://kokkai.ndl.go.jp/)

自民党史編纂委員会編（一九六一年）『自民党史』自民党史編纂委員会。

自由民主党編（一九六六年）『自由民主党十年の歩み』自由民主党。

――編（一九七五年）『自由民主党二十年の歩み』自由民主党。

――編纂（一九八七年）『自由民主党党史』自由民主党。

――編纂（二〇〇六年a）『自由民主党五十年史［上巻］』自由民主党。

――編纂（二〇〇六年b）『自由民主党五十年史［下巻］』自由民主党。

――編纂（二〇〇六年c）『自由民主党五十年史［資料編］』自由民主党。

衆議院・参議院編（一九九〇年）『議会制度百年史　国会史 上巻』

――編（一九九〇年）『議会制度百年史　国会史 中巻』

――編（一九九〇年）『議会制度百年史　国会史 下巻』

中野晃一（二〇一五年）『右傾化する日本政治』岩波新書。

西川伸一（二〇一六年）「「改憲は党是」なのか？　違いますよ、安倍首相」『週刊金曜日』二〇一六年三月一八日号。

渡辺治（一九八七年）『日本国憲法「改正」史』日本評論社。

日本国憲法の源流・五日市憲法草案

鈴木富雄

第1節　五日市憲法草案の先駆的中身

五日市憲法草案は今から一三五年前の一八八一（明治一四）年に起草された私擬憲法です（「私擬」とは個人の責任で作られた憲法や法律のことです）。五日市町（当時）の小学校（五日市小学校の前身の勧能学校）の二九歳の青年教師・千葉卓三郎が起草した全文二〇四条からなる憲法草案です。発見されたのは一九六八（昭和四三）年です。

「五日市憲法草案記念の碑」（後述）に刻まれた代表的な条文六カ条があります。

四五条　日本国民ハ各自ノ権利自由ヲ達ス可シ他ヨリ妨害ス可ラス且国法之ヲ保護ス可シ
四八条　凡ソ日本国民ハ日本全国ニ於テ同一ノ法典ヲ準用シ同一ノ保護ヲ受ク可シ地方及門閥若クハ一人一族ニ与ウルノ特権アルコトナシ
七六条　子弟ノ教育ニ於テ其学科及教授ハ自由ナルモノトス然レドモ子弟小学ノ教育ハ父兄タ

ル者ノ免ル可ラサル責任トス

七七条　府県令ハ特別国法ヲ以テ其綱領ヲ制定セラル可シ府県ノ自治ハ各地ノ風俗習例ニ因ルモノナルカ故ニ必ラス之ニ干渉妨害ス可ラス其権域ハ国会ト雖モ之ヲ侵ス可ラサル者トス

八六条　民撰議院ハ行政官ヨリ出セル起議ヲ討論シ又国帝ノ起議ヲ改竄スルノ権ヲ有ス

一九四条　国事犯ノ為ニ死刑ヲ宣告ス可ラス又其罪ノ事実ハ陪審官之ヲ定ム可シ

これら六つの条文だけを見ても五日市憲法草案の特徴がよくわかります。天賦人権説、平等権、個人の尊重、教育権、地方自治、国民主権、政治犯の死刑廃止、陪審制、などが規定されていません。現在の日本国憲法の〝源流〟といわれる理由です。

ちなみに、五日市憲法草案の四五条は、現憲法の第一二条、第一三条に近い考え方であることが分かります。同四八条は、現憲法の第一四条と同じ考え方です。同七六条は、教育を受けさせる義務という点では現憲法の第二六条と同じです。現憲法は第二三条で、学問の自由は保障していますが、五日市憲法草案は教育の自由を謳っています。同七七条は、現憲法の第八章第九十二条から九十五条の地方自治の規定に勝るとも劣りません。

同八六条は、五日市憲法草案の白眉とも言われます。五日市憲法草案は、明治初期の他の私擬憲法と同じように天皇を否定せず「君民共治主義」の立場です。ただし、天皇と国民から選ばれた国会（民撰議院）が対立した場合「国帝ノ起議ヲ改竄スルノ権」を国民の代表に認めています。

さらに「皇帝」ではなく、「国帝」という表現も他の私擬憲法案には無く、五日市憲法草案にだけ見られるものです。国民主権の立場に立った考えといっていいと思います。

同一九四条の「死刑」と「陪審制」に関する規定も先駆的です。死刑一般を廃止するということではないのですが、「国事犯」すなわち思想や信条を罪とした政治犯を死刑にしてはならないとしたのです。「陪審制」は、国の裁判官だけでは国民の権利が完全に守られる保証がないから住民の代表を裁判に参加させて公正な裁判をしようということです。

三六項目に及ぶ国民の権利規定は、「基本的人権」の具体性と精緻さにおいて、他の私擬憲法草案に例をみないもので、有名な植木枝盛草案（東洋大日本国国憲按）と比べても遜色がありません。

五日市憲法草案は、人権と自由の保護、国政への参与の権利、法の下での平等、生命・財産の保護、不利益不遡及、思想・著述・出版の自由、請願権、宗教・信仰の自由、職業の自由、集会・結社の自由、親書の秘密保護、住居の自由と個人宅への不可侵、財産の保護、二四時間以内での裁判官との接見、拘束は三日以内、控訴・上告の権利、保釈の権利、国事犯の死刑禁止、違法な拿捕への損害賠償、累進課税、教育の自由と受ける権利と受けさせる義務、地方自治などを国民の権利として規定しています。

「五日市憲法草案記念の碑」は、仙台の郷土研究会の逸見秀夫氏らの提唱で、発見から一一年後の一九七九年一一月に建立されました。目的は「千葉卓三郎の名を永久に歴史に刻し、民主主義の発展に資するため」です。記念の碑は、起草の地・五日市町（当時）／仙台市北山の資福寺（千葉卓三郎の墓所）／宮城県志波姫町（現・栗原市＝千葉卓三郎の生誕の地）の三カ所に建立されました。

志波姫町の記念碑除幕式（一九七九年一一月一二日）で、発見者の色川大吉東京経済大学教授の記念講演がおこなわれました。この記念講演など資料集をまとめた記念誌『民主憲法の父　千葉卓三郎』（一九八〇年）です。その「歴史に残る偉業――記念誌発行によせて」の一文で色川氏は、卓三郎の顕彰運動に尽力し記念碑をつくりあげたことは、「必ずや日本の革新的伝統を愛する多数の国民の賞賛を博するものでありましょう」と述べています。

もう一つ、五日市憲法草案の特色は、「国民の権利」として人権を規定するのみでなく、司法の場で二重に保護するという方法を採っています。一例をあげると、七一条の「国事犯ノ為ニ死刑ヲ宣告サル丶コトナカル可シ」は、一九四条の「国事犯ノ為ニ死刑ヲ宣告ス可ラス」として二重保護しています。

五日市憲法草案は、内外の研究者から高い評価を得ています。

発見者色川氏の研究はもちろんですが、明治憲法成立史の研究で著名な稲田正次氏（元東京教育大学教授）は、一九七九年に著した『明治憲法成立史の研究』で五日市憲法草案について高い評価をしています。

「国民の基本的権利についてきわめて詳細な規定を設けて強く保障し、国会の権限も広くみとめ、議員内閣制を明定し、司法権の独立を強調していることなどからいってかなり民主的立憲的要素の大きい憲法草案といえると思う」。

「国民の権利に関係した条文が第二、三、五編にわたって一五〇条余もあり、民権の尊重に特別の配慮をしていることは注目すべきであって、他の私擬憲法に全く類例をみないところである」（一〇二〜一〇三頁）。

海外での評価にもふれます。一九七〇年、ハーバード大学で「秋の日本シンポジウム」がひらかれ、色川氏が、「五日市憲法草案と明治の自由民権運動」という講演をしています。このシンポジウムには、元駐日大使のライシャワー教授をはじめとする日本研究者がたくさん参加していました。そして「九〇年前に日本人の中にあった民主主義思想、三六カ条の人権規定に驚いた」など参加者の非常な反響をよびました。

アメリカのアイオア大学の日本史教授のスティーヴン・グラフトス氏は、前記の記念碑がつくられた際、仙台市の除幕式記念会の席上で講演をして、「アメリカ人やヨーロッパ人は大変傲慢であった、今まで民主主義というのは自分たちがつくってアジア人に教えてやったもの、民主主義とは、ヨーロッパ、アメリカの産物であってアジアにはないもの、日本には民主主義なんて無かったものという考え方を持っていた。だから日本の民主主義というものを信用していない。

ヨーロッパ、アメリカからの借り物だ」と思っていた。「ところが千葉卓三郎を知ってですね、五日市学芸講談会の青年たちを知って考え方を変えた」、「日本の草の根に創られていた素晴らしい民主主義と、その民主主義を単に日本的なものだけでなく、世界的なもの、全人類的なものに普遍化しようとして明治の青年達が実に驚くほどの情熱をもって学んだ、その情熱、姿勢です。そこに自分達は感動しました」と話しました（色川大吉「民主憲法の父千葉卓三郎」・志波姫建碑誌一一一頁）。

これほどの内容を備えた五日市憲法草案は、まさに〈日本国憲法の源流〉と呼ぶに相応しいものです。

第2節　五日市憲法草案が発見された経緯

一九六八（昭和四三）年八月二七日、東京経済大学の色川大吉教授（当時）の「色川ゼミ」のメンバーによって、五日市町深沢（当時・現あきる野市深沢）で深澤家（世襲名主家）の土蔵が調査されました。この土蔵調査には、深澤家当主の深沢一彦氏（後述の深澤権八の孫）も立ち会っていました。

第二回目の調査は一〇月一〇日。第三回目の調査は一九六九年二月に行われ、東京経済大学に全ての資料が持ち込まれました。この土蔵調査の資料の中に、後に「五日市憲法草案」として高い評価を受ける未発見だった私擬憲法や「嚶鳴社憲法草案」、「国会開設期限短縮建白書」など貴重な資料が発見されました。

すぐに浮かぶ疑問は、「色川先生は何でこんな山奥の土蔵を開けようとしたのか？」です。色川氏自身がこの疑問に自著（色川大吉歴史論集『近代の光と闇』一三四頁）のなかで述べています。一九五八（昭和三三）年に北村透谷の研究をしていて、透谷の親友の大矢正夫について「『大矢正夫論』を書くため資料探訪で三多摩を歩いていた時」に、大矢が「五日市の勧能学校に出入りしていたことを確かめたかった」と述べています。

大矢は、自由民権家で一八八四年（明治一七）年当時、八王子町（当時）の上川口小学校で教鞭をとっています。同じ時期、五日市の勧能学校には利光鶴松という自由民権家が短期間ですが教師として勤めていました。利光鶴松は勧能学校に勤めたのち明治法律学校（現・明治大学）に入り代言人（今の弁護士）資格をとり、政治家などを経て晩年小田原急行鉄道（現・小田急電鉄）を創立した人です。この利光が手記を残しています。その手記で利光は、「余ガ将来自由党トナリ、自由主義ヲ唱道シタルハ全ク　五日市ニ於テ受ケタル感化ニ外ナラズ　又　余ハ漢学塾ニ　孔孟ノ教ヲ受ケ　其読ム所ノ書ハ漢籍ニ限ラレタリ　五日市ニ於テハ漢籍ヲ放棄シ　ルーソー、スペンサー、ベンサム、ミル等ノ著書ノ翻訳ヲ耽読スルニ至レリ」と述べています。こうしたことから、色川氏は、深澤家の蔵開けに期待をしました。一九五八（昭和三三）年のことです。

この時の、深澤家当主は、深澤権八の長女・ヱイの婿の誠一氏でした。色川氏は蔵開けを懇請したとのことですが「あいにく病臥中でお許しを得ることができなかった」と述べています。深澤誠一氏は、一九六七（昭和四二）年九月一九日、八七歳で亡くなります。深澤家当主は誠一氏の長男・一彦氏（権八の孫）となります。色川氏は、「一彦先生の代になり、ようやく昭和四三年に土蔵調査のお許しを得ることができた」と述べています。

こうして、土蔵調査が実現したのです。

「五日市憲法草案」は、風呂敷に包まれて土蔵の二階の梁に吊るされて保存されていました。そのおかげで、虫食い文字も少なくその全容が読めることになったのです。

いくつもの偶然が重なり合って、千葉卓三郎起草の五日市憲法草案が発見されました。

第3節　起草者・千葉卓三郎

「五日市憲法草案」には、「陸陽仙台　千葉卓三郎草」とあり起草者が千葉卓三郎と分かりました。ところが、千葉卓三郎という人間の存在は、歴史の記録、多摩の民権運動の中にも残されておらず、全くナゾの人物でした。そのため、千葉卓三郎という人物をつきとめるために色川研究室の副手だった江井秀雄氏、大学生だった新井勝紘氏によって卓三郎の探索が行なわれます。

まず、江戸時代の戸籍だった「宗門人別帳」を調べ、文字の特徴を見る筆跡鑑定もしました。その結果、卓三郎は、五日市の人ではないということが分かりました。卓三郎が五日市小学校の前身の勧能学校の教師（助教）をしていたことや勧能学舎（明治八年から勧能学校）の初代校長の永沼織之丞が元仙台藩士で仙台から二〜三人ひきつれて、この学校にやってきていたことなどから、卓三郎は仙台の出身では？ということで調査がすすめられます。

江井、新井両氏が仙台市に行きます。仙台市役所で分かったことは、千葉家（姓）というのは、志波姫町（現・栗原市）、一関、仙台に若干あるとのことで、ついに岩手県堺の志波姫町で役場の人たちの大変親切な協力によって、「千葉宅之丞」という戸籍を発見します。

卓三郎は、明治五年の壬申戸籍から、仙台藩下級藩士（仙台藩御不断組・郷士）千葉宅之丞の実子ということが分かりました。生誕の地は、陸前国刈敷村字大西一五番地（後の白幡村二二〇番地・今は栗原市志波姫）で、一八五二（嘉永五）年六月一七日生まれでした（戸籍名は宅三郎）。

宅三郎（五日市にきた当時は卓三郎）の出生は、大変不遇でした。千葉宅之丞は先妻をなくし後妻「さだ」を迎えていますが、相続すべき子どもがありませんでした。当時は、武家に相続すべき男子がないとその武家は断絶されてしまうことになります。千葉家に残されていた文書から、夫婦協議のうえ妾を迎えたとあります。「ちかの」という女性との間に生まれたのが宅三郎でした。ところが、宅三郎が生まれる前に宅之丞が危篤となります。家の断絶をまぬがれるため親類が協議の上、宅之丞の先妻の里子を養子と定めて千葉家が断絶をまぬがれます。それが、卓三郎の義兄、士族・千葉利八です。

宅三郎は三歳の時に生母「ちかの」から引き離され、養母「さだ」（宅之丞未亡人）によって育てられます。出生の直前、実父と死別、三歳で生母とも生別、世継ぎとしての資格も無いという不遇の人でした。

一八六八（明治元）年、徳川一五代将軍慶喜は、「大政奉還」をし、「王政復古」がされ徳川幕府は崩壊します。当時の奥州各藩は、薩長政府に抵抗します。のちに奥羽越列藩同盟がつくられます。薩長政府の追撃の最大の目標は、幕末に京都守護職を務め一五代将軍と行動を共にした徳川家家門の会津松平家（藩主・容保）でした。会津藩や庄内藩は、東北地方に東京の薩長政府とは別の政府の樹立も考えていました。「白河以北一山百文」と薩長政府にバカにされ続けた東北は、明治初期の自由民権運動の時も東北に新しい政府を作ろうと動いています。薩長政府にとって会津藩はどうしても残しておけない藩でした。政府の主力軍は奥州街道、白河口から会津を攻めます。

同年、この白河城を中心に戊辰戦争の緒戦、白河の激戦がたたかわれました。奥州各藩からもこの白河戦に出陣しています。仙台藩の一員として、卓三郎も軍卒（志願）となり、この白河戦に二回にわたり出陣しています。卓三郎一七歳の時です。この白河戦は、会津藩をはじめ奥州各藩が敗れます。以後、政府軍は、抵抗を続けた二本松藩の「二本松少年隊」の悲劇を残し、母成峠を突破、十六橋、戸の口原を経て会津城下へとすすみます。会津藩は、籠城戦で政府軍に対抗します。筆頭家老西郷頼母一族二一名の集団自刃、白虎隊や娘子軍の自決や戦死という悲劇を生む会津戦争となります。

戊辰戦争は政府軍が勝利し、卓三郎は敗軍の一員となります。卓三郎のこの敗戦の体験と、郷里に戻っても千葉家を相続することができなくなっていたことなどがその後の学問の探求と遍歴につながってゆきます。

卓三郎は、一八六三（文久三）年、一一歳で仙台藩校養賢堂塾頭の大槻盤渓に漢学を学びます。この漢学が卓三郎の学問の基礎になります。卓三郎は、医師を志し石川桜所（松島）に入門します。ところが石川桜所が一五代将軍慶喜の侍医を勤めたという理由で新政府に捕えられ、卓三郎は師を失ってしまいます。翌年一八六九（明治二）年、卓三郎は皇学を学ぶため鍋島一郎に師事します（一七歳）。

一八七二（明治五）年、卓三郎は刈敷教会で、酒井篤礼（イヲアン）からハリストス正教の啓蒙、伝道をうけています（二〇歳）。翌年一八七三（明治六）年、入信を決意した卓三郎は、上京し神田ニコライ堂でニコライ神父に洗礼を受けます。洗礼名はペートル（白徳）です。以後、郷里にもどった卓三郎は、酒井篤礼（イヲアン）と共に伊豆野教会、若柳教会、若柳十文字教会、佐沼顕栄会など仙北地方で熱心な布教活動を行います（二一歳）。ところが一八七四（明治七）年、「神仏に対する不敬の罪あり」として、神官、僧侶に告発され警察に逮捕されます。こうして卓三郎は、水沢県庁のあった登米《とよま》の監獄に一〇〇余日投獄されます。

卓三郎は獄中でも熱心な信者として、自分の獄衣の糸を抜いて飯粒と練りあわせて十字架を作り、神に祈りをささげていました。同房の死刑囚の死刑執行が決まった時には十字架を与え、教えを説き、洗礼まで授けたといいます。これが監獄側の激怒をかい、令状なしに刑期を延長されています。出獄したときは「片鬢、片眉を剃り落とされて、鉄鎖で繋がれ、惨憺たる苦役を強いられた卓三郎が流刑囚のような姿になって……」と記録が残されています（石井喜三郎『日本正教伝道誌』一九〇一年）。卓三郎二二歳の時です。

一八七五（明治八）年、出獄した卓三郎は、神に帰依することに迷いを持ち、一転して、儒学の安井息軒の門をたたきます（二三歳）。一八七六（明治九）年には、仏人ウィグローにカソリックを、翌年一八七七（明治一〇）年には、福田理軒に洋算を学び、その年のうちに米人マグレーにつき一八七九（明治一二）年ごろまでプロテスタントを学びます（二五歳～二七歳）。

この頃、卓三郎は、秋川谷各地の大久野村（現、日の出町）、川口村（現、八王子市）などで小学校の教師（助教）をしています。一八七九（明治一二）年一二月から翌年の四月までは、東京麹町で商業にも従事しています（二七歳）。明治新政府軍とたたかった東北諸藩の武士は、賊軍の一員とされました。そのため新政府の官職につけるというのはほとんどありませんでした。明治五年に学制発布がされます。この学校教師か警察官が当時の東北士族がありつけた職業でした。

勧能学校の教師になった千葉卓三郎は、後述の「五日市学芸講談会」の積極的な参加メンバーとなります。
卓三郎は、一八八二（明治一五）年、明治政府が集会条例を追加改正して自由民権運動を激しく弾圧しはじめたことを強く批判しています。卓三郎は、「浅智狭量ナル明治政府」が、懇親会や学術会まで弾圧するようになった状況を指摘し、「浅智狭量政府ノ命数ヲ短縮シ、脈度ヲ滅却スル」ことになり、人民の反発を招くだけで、「自カラ自分ノ命ヲシテ死地ニ陥ラシムル」と述べています。この書簡は「草津紀行」という手紙に同封されてきたものです
卓三郎は、五日市憲法草案を起草した一八八一（明治一四）年には肺結核に蝕まれ始めていました。当時、結核は不治の病で病状は悪化するばかりでした。卓三郎の病状が悪化すると権八ら五日市の友人たちはカンパ（五〇円）を集めて卓三郎を草津の温泉治療に送り出しています。
卓三郎は、「フランス国法学大博士ボアソナード」にちなんで自らを「ジャパネス国法学大博士タクロン・チーバー氏」と諧謔的に自称しています。そして、明治一一年刊・元老院蔵版のブーヴィエール著『法律格言』を「タクロン・チーバー氏法律格言」と書き換え、深澤親子に「校閲」を頼んでいます。一九条を書いていますが、卓三郎の思想が人民主権であったことを示す確かな資料です。一例を紹介しますとブーヴィエールの「法律格言」では「国王ハ決シテ死セズ」ですが、卓三郎は「国王ハ死ス国民ハ決シテ死セズ」と書きかえています（深澤家文書『三多摩自由民権資料集』一二三一頁）。

卓三郎は、『進取雑誌』第一・二号（一八八一・明治一四年二月）に掲載された国分豁《とおる》（仙台の民権家で進取社員）の「製法論」に大いに共鳴して、一八八一（明治一四）年の「備忘録（抄）」に克明に「制法ノ本源ハ道理ニ遵フナリ」、「時勢ヲ察シ、時世ニ適スルナリ　時俗ヲリ　風土ヲ察スルナリ　民情ヲ視」ることが大事だとメモしています。

そして公孫鞅、准南子、慎子、文子、ベイコン、モンテスキー（キュー）、ブルンチュリー、ドラクルチュー、ビーデルマン、ベンサン（ム）、スミッ（ミ）スなどの言葉がメモされています（『三多摩自由民権資料集』二三三頁）。

卓三郎は、このように中国や西欧の思想家や法律家たちの制法論から貪欲に学んでいます。それらが、五日市憲法草案に結実したのです。同時に、卓三郎の努力を受け入れる土壌として、五日市の気風が存在していました。

第4節　五日市の気風と五日市学芸講談会

五日市は、東京都心から約五〇キロの関東平野の西端に位置しています。

中世以前の五日市は小庄村の一部でした。五日市という名は、江戸幕府が開かれる以前の小田原北条氏の「陣触れ廻状」に見られます。五、一五、二五日に市が立ったための地名です。徳川三代将軍・家光の頃（正保：一六四四〜一六四七年）五日市で炭の市が開かれるようになります。民家は百九十五軒と記録にあります。正保の頃から檜原村から五日市に炭の出荷が始まりました。さらに慶安（一六四九〜一六五一年）の頃、養沢村からも炭が出されます。この頃の五日市の家並みは「間ばらに一〇軒余り」だったことが記されています。その後、炭の出荷が増え、人の出入りも多くなり、宿場なみの街並みになってきます。元禄（一六八八年）・正徳（一七一一年）にかけて、五日市に商店街が形成され、炭問屋は三六軒ありました。五日市の市場で炭が多く取り引きされるようになるのには、江戸の発展と密接に結びついています。

参勤交代が確立すると、大名は江戸屋敷をもちます。大名の妻子は実質的な人質として江戸に住まわされました。江戸詰めの家臣も住みます。こうして江戸は土地の半分が武家地、残りの半分が寺社地と町人地でした。江戸の上層階級は暖房や燃料として木炭を使うようになります。江戸に近い木炭の生産地が、西多摩地域です。

五日市村が炭市場として発展すると、山方の百姓は食糧生産をやめて炭焼きに専念するようになります。炭の生産者（山方）は炭を売り、穀（米や麦、豆）を五日市商人から買うようになります。

この炭の取引に対し、一七三五（享保二〇）年には、「炭運上」として、「八俵一駄に付八文」の税金が課されるようになります。納税すると一駄に付き一枚の焼印札が交付され、これをつけないと五日市の木戸、改番所を通れませんでした。こうして五日市の炭取引が独占的地位を確立してゆきます。五日市における炭の取引は幕末のころ二〇万俵との記録（江川家文書・炭運上）

があります。七五両の税金になります。この炭出荷量は、明治、大正期もほぼ同じでした。

炭と同時に百万都市・江戸に欠かすことができなかったのが、建材としての木材です。消防力が弱かった当時は、火災が起こるとしばしば大火になりました。火災の復興に欠かせないのが木材です。江戸に幕府が開かれたころ武蔵野の大地に杉・桧は自生していませんでした。そのため江戸幕府は植林政策を進めますが、武蔵野の大地での植林はうまくゆきませんでした。杉がよく育つのは腐葉土が流れおちる山のすそ野です。当時の山のすそ野には「入会地」、「切畑」、「居山」というものがあります。入会地は公有地（幕府のもの）ですが、家畜の餌や燃料などをとることが許された土地です。切畑は畑としては最下位の評価の土地ですが年貢の対象にされた私有地です。百姓の屋敷裏などにつながる土地が居山で、ここに果樹や桑、綿などが植えられ私有地化したものもありました。五日市でこうした入会地、切畑、居山などで植林が行われるようになったのが天明、寛政の頃からです。

深沢村の名主家の深澤茂平（深澤権八の祖父で千人同心の株も購入「左衛門」と名乗る）は人望もあり、こうした植林に成功した人で、後に深澤家が五日市第二の資産家になる土台になりました。このように植林で育てられた杉が、五日市から「青梅材」として江戸に運びこまれることになります。この運送手段として発達したのが筏でした。筏に組まれる前の杉は秋川の上流、支流から一本ずつ流されます。これを「管流し」といいます。一定の川幅になり筏を組む場所（河川敷）を「土場」と言ってここで筏に組まれます。その上荷として炭や杉皮が積み込まれ江戸・東京に運ばれました。どのくらいの筏が多摩川を流れて江戸に運ばれたかというと、一七八八（天明八）年の登戸村の筏運上取立場の記録があり、約二万枚の筏が流され、そのうち秋川からは五〇〇〇枚ほどでした。天保期（一八三〇〜四三年）が筏の最盛期といわれます。この筏業は、鉄道と自動車が発達する昭和の初期まで続きました。植林や筏業が大きな財をなすことになった理由です。

江戸と筏で直結していた五日市にはいち早く江戸の情報はもとより知識・文化が持ち込まれ先進地・五日市が生まれました。五日市は江戸に徳川幕府がひらかれ、日本の首都として世界第一の百万都市となった江戸との結びつきによってその隆盛をきわめました。

もうひとつ、五日市に新しい知識や文化を持ち込むことになったのは養蚕と絹の生産です。五日市は関東平野と関東山地が接する地域に発達した集落（谷口集落）です。米作がほとんどできないという地理的条件のもとで、産業として養蚕が発達します。秩父事件を起こす秩父市などにつながる養蚕ベルト地帯です。

一八五四（安政二）年、幕府は日米和親条約、下田条約を結び鎖国を解きます。海外との貿易が始まると、最大の輸出品は生糸です。明治時代になるとこの生糸の輸出は増大します。五日市は、この絹をつうじて、集積地としての八王子、貿易港としての横浜と新たな接触が始まり、知識・文化が持ち込まれます。

市の町として発展した五日市は、経済の面でも商人を含む「富農層」という階層を生み出しました。この富農層といわれる家は名主などを含めて当主の没後にその家を継ぐ立場の跡継ぎを教育しました。幕末から明治初期の教育は漢学が主体ですが、五日市には医師の柴野俊策（医号・周庵）が私塾をひらき、漢学などを教えていました。漢学などを学んだ青年たちが明治初期の学習結社・五日市学芸講談会の中心になってゆきます。

世襲名・内山安兵衛という家がありました。内山家は、質屋を営み、黒八丈の商い（専売権）など市を通じて莫大な利益を生み出しました。これらを土台に幕末には、五日市一の地主に成長、その地位を確固にしています。一八七六（明治九）年の地租改正時に内山家が五日市一カ村に所有する土地所有面積は一一〇町歩をしめました。黒八丈は、五日市地方の特産物の絹の泥染めで、武士などから襟や袖口などに利用され「五日市」と言う名で全国に広まりました。

この内山家の八代内山安兵衛（幼名末太郎）は、一五歳で五日市学芸講談会に参加、一六歳で会長（当時は名主）となっています。深澤権八の生家・深澤家も林業と筏の元締業を営み、木材や薪炭を江戸に供給する商品流通者として、幕末にその財力を蓄積しました。同時期、深澤家は六八町歩の土地を所有する五日市第二の富農に成長しています。

五日市の富農層は、蓄財した財力をもって、支配階級としての武士の独占的所有物であった学問や文化的教養を掌中におさめることが出来るようになります。彼らは、江戸の文化人や旅人を自宅に招請して新しい知識・文化を吸収しています。こうした富農層によって明治の新しい時代のありかたに関する啓蒙活動がおこなわれるようになります。この啓蒙活動は、明治に入ると村政自治に密着し、五日市学芸講談会のような積極的な学習活動も通じ、若き民権家を育成、自由民権運動の基礎をつくってゆきます。

五日市に創られたのが学習結社「五日市学芸講談会」です。五日市学芸講談会が結成されたのは一八八〇（明治一三）年四月頃です。集会条例に基づき八王子警察に提出された文書に次のように記されています。

社則第一条：「本社ハ嚶鳴ヲ以テ名トス意ハ朋友相會シテ学術ヲ研究スルニアリ」とあります。幹事は四名で、土屋勘兵衛、深澤権八、土屋常七、馬場勘左衛門とあります。五日市学芸講談会と名乗るようになってからも深澤権八、馬場勘左衛門は幹事として残ります。他の二人は大福清兵衛（伊奈村）と大上田彦左衛門（戸倉村）で会は隣村にまでその活動範囲を広げていたことを示します。このように当時一九才の青年・深澤権八が、学芸講談会の中心的な役割をはたしました。

五日市学芸講談会は、「学芸講談会盟約」において、「本会ハ万般ノ学芸上ニ就テ講談演説或ハ討論シ以テ各自ノ知識ヲ交換シ気力ヲ興奮セン事ヲ要ス」（第二条）としてその目的を明らかにしています。

同時に政治結社としてではなく学習結社（「本会ハ日本現今ノ政事法律ニ関スル事項ヲ講談論議セ

ス」：「学芸講談会規則」第三条）として結成されています。理由は、明治政府による言論にたいする抑圧・弾圧政策がはじまったことによると見るのが妥当でしょう。

討論会の開催日は、毎月三回、五日市の市の日で人が集まりやすい日に設定しています。どのような議題を論議したかというのは、「深沢権手録」に「討論題集」があり六三題がのっています。主なものをあげると、「五、女戸主ニ政権ヲ与フルノ利害」、「七、国会ハ一院ヲ要スルヤ」、「九、議員ノ選挙ハ税額ト人口ノ何レニ由ルベキヤ」、「一〇、女帝ヲ立ツルノ可否」、「一三、中学ノ教科書ニ政治書ヲ加フルノ可非」、「一六、西郷隆盛ト大久保利通ト優劣如何」、「二三、人民武器ノ携帯ヲ許スノ利害」、「二七、議員ニ給料ヲ与フルノ可否」、「二八、皇居ヲ都鄙何レニ置ク可キヤ」、「三五、外国ノ資本ヲ内地ニ入ルノ利害」、「五一、甲男アリ、有夫ノ婦乙女ト道路ニ於イテ接吻セリ其処分如何」、「五七、離婚ヲ許スノ可否」、「五九、陪審官ヲ設クルノ可否」などです。

どのように討論したかということは、「私擬五日市討論会概則」に明らかにされています。まず、討論題の発議者が自らの論旨を述べる（一五分）。次に、賛成者は直ちにその理由を述べる（一〇分）、各自一回は必ず発言しなければならないことなどが示されています。

この五日市学芸講談会が一時停滞していた雰囲気を一掃し、研究討論を活発化することになったのが、全国一三万余の代表六七名が参加した第二回国会期成同盟大会（一八八〇・明治一三年一一月一〇日・東京）です。この大会の議目第四条において「来回には、各組憲法見込案を持参す可し」が決議されたことによります。

卓三郎と深澤名生・権八親子の出会いと深い交流、そして、五日市学芸講談会などでの議論が五日市憲法草案を生み出す土壌でした。欧米先進諸国の憲法や人権宣言などのまる写しではなく、明治初期の農村社会の人びとに受け容れられる自前の憲法草案が生まれたのです。

第5節　GHQが憲法原案作成に着手した背景

一九四五年七月二六日に発せられたポツダム宣言を受託し、九月二日にミズリー号上で降伏文書に調印して敗戦国となった日本には占領軍としてアメリカが入ってきます。同年一〇月一一日、GHQ最高司令官・マッカーサーから「民主化の五大改革指令」と「憲法改正の示唆」が日本政府（幣原喜重郎内閣）に伝えられます。五大改革とは、①婦人の解放、②労働組合の奨励、③教育の民主化、④圧政的諸制度の撤廃、⑤経済の民主化（財閥解体など）です。幣原内閣は、松本烝治国務大臣（弁護士）を委員長として一〇月二五日に「憲法問題調査委員会」を設置します。

「毎日新聞」のスクープ（政治部・西山柳造記者）によってGHQが松本案・「憲法改正要綱」を知るのが二月一日です。これに対して、GHQは「この改正案は、極めて保守的な性格のものであり、天皇の地位に対して実質的変更を加えてはいません。天皇は、統治権をすべて保持しているのです」と評価し（一九四六年二月二日・最高司令官のための覚え書き・コートニー・ホイットニー陸軍准将・民政局長・「日本国憲法制定の過程」―連合国総司令部側の記録による。四一頁）、マッカーサーは、日本政府に任せておいたら民主的な憲法案はできないと判断します。

マッカーサーは日本国憲法をつくる上で必要な三原則として「マッカーサー・ノート」を一九四六年二月三日に記しています。三原則とは、①天皇の規定、②国権の発動たる戦争の禁止、③封建制度の廃止です。この「マッカーサー・ノート」が書かれた日、ホイットニー准将は部下のチャールズ・L・ケイディス陸軍大佐を呼び、憲法案を策定せよと指示しました。こうして民政局のもとにケイディス大佐をトップとする憲法案策定の「運営委員会」がつくられます。

一九四六年二月四日に行われた民政局の「会合の要録」があります。この会議で、ホイットニー准将は、「これからの一週間は、民政局は憲法制定会議の役をすることになる。マッカーサー将軍は、日本国民のために新しい憲法を起草するという、歴史的意義のある仕事を民政局に委託された」と述べています。

さらに、二月一二日に「自分は日本の外務大臣その他の係官と、日本側の憲法草案についてオフ・ザ・レコードの会合をもつことになっている」、「外務大臣とそのグループが、彼等の憲法案の進路を変え、リベラルな憲法を制定すべしとするわれわれの要望をみたすものにするのが、われわれのねらいである。このことがされたときには、出来上がった文書が日本側からマッカーサー将軍にその承認を求めて提出されることになる。マッカーサー将軍は、この憲法を日本人の作ったものとして認め、日本人の作ったものとして全世界に公表するであろう」と述べ、GHQの憲法案を日本政府に提示する日を述べています(「日本国憲法制定の過程」連合国総司令部側の記録による。一〇一～一〇五頁)。

GHQ原案策定を三つの側面から見ると、第一に、作られた時期が問題です。現憲法は、占領軍としてのアメリカが、ポツダム宣言に沿って日本の民主化を図ろうという動きが中心の時期でした。民主化の動きは、敗戦から約九カ月ほどでした。一九四五年中にアメリカ占領軍が行った主な改革指令は、「政治犯の即時釈放、思想警察と治安維持法などの廃止の指令」(一〇月四日)、「民主化の五大改革指令」(口頭で憲法改正の示唆も・一〇月一一日)、「財閥の財産凍結と財閥解体の指令」(一一月六日)、「農地改革の指令」(一二月九日)、「国家と神道の分離の指令」(一二月一五日)などです。翌一九四六(昭和二一)年に入り、「軍国主義者の公職追放」(一月四日)、「極東国際軍事裁判所開廷(東京裁判)」(五月三日)と続きました。

ところが、アメリカ国務長官アチソンが、対日理事会で「共産主義を歓迎せず」と反共宣言し(五月一三日)、続いてマッカーサーが、五月一九日に皇居前に二五万人が参加した食糧メーデーを受けて「暴民デモを許さず」と声明しました(五月二〇日)。翌一九四七年に入ると「二・一ゼネスト」の中止命令、以後、ロイヤル陸軍長官が日本を「反共の防壁」にすると演説し(一九四八年一月六日)、日本を反共の砦にするための民主化に逆行する対日支配へと大きく変化してゆき、やがて一九五〇年の朝鮮戦争に突入し、日本はアメリカの出撃基地とされました。

一九五一年にサンフランシスコ講和条約が結ばれます。同時に、日本は、「日米安保条約」、「日米行政協定」によってアメリカに従属する形のまま今日を迎えています。

二つは、アメリカの対日支配の都合です。マッカーサーには、本国の方針が伝えられてきます。この本国の方針は、一九四五（昭和二〇）年六月一一日に設置された国務省、陸軍省、海軍省の三省調整委員会（略称・SWNCC）の決定事項に基づきます。マッカーサーは、「天皇の権力は剝奪する。しかし地位は残す」とはっきり決めて憲法の形をつくってゆくことになります。マッカーサーは、「天皇にすべての権限があり、これが軍部と結びついたからあんなひどい軍国主義になった」と考えていました。一方でマッカーサーは、「天皇は二〇個師団に相当する」と考え、占領政策の遂行には、天皇が必要と考えていました。

しかし、地位だけにせよ天皇制を残すには、のりこえなければならない課題が残されていました。それは次のような事情からです。「日本占領管理機構におけるトップ・レベルの政策決定機関は極東委員会FECであるが、この機関は一九四五年一二月二七日の英・米・ソ三カ国外相会議の決定に基づいて設置され、翌四六年二月二六日の第一回会合から活動を開始し、一九五二年四月二八日のサンフランシスコ平和条約の発効をもって廃止された」（竹前栄治・中村隆英監修『GHQ日本占領史・第一巻』四頁）のです。

アメリカは、「天皇制」を残すことは、極東委員会に参加するソ連、オーストラリアなどからクレームがつくことは必至と考えていました。そこで極東委員会が活動を始める前に、日本憲法案を作り上げてしまう必要がありました。こうして日本国憲法案には、国際連盟憲章、パリ不戦条約、自由や人権など世界が到達していた最高の到達点が書き込まれました。つまり、日本人が、平和や人権などで、こんなに素晴らしい憲法を作ったのだから形式的な「天皇制」は残してもいいではないかということを極東委員会に認めさせる必要がありました。

三つ目の要点は、GHQ案の作成にかかわった人たちがどういう人なのかという問題です。憲法策定には二五名のスタッフがかかわりました。その運営委員会のメンバーは四人です。責任者は、チャールズ・L・ケイディス陸軍大佐、それにマイロ・E・ラウエル陸軍中佐、アルフレッド・R・ハッシー海軍中佐（以上の三人は弁護士資格を持つ法律の専門家）にルース・エラマン（秘書兼通訳）です。

運営委員会の二人のメンバーについて紹介します。ただ略歴の紹介だけでは、その人となりがわかりません。幸いにも一緒に仕事をしたベアテ・シロタ・ゴードンが『一九四五年のクリスマス』（柏書房）と題する著作を著していますので、そこから引用します。

「ケイディス大佐は、一九三三年から三七年まで連邦公共事業局の副法律顧問、同じ年に陸軍中尉として軍務につき、陸軍歩兵学校と指揮・参謀学校を卒業して、陸軍省民事部に配属される。

（中略）日本については全く縁がなく、突然の命令でマッカーサーより二日早い一九四五年の八月二八日に、占領軍の先遣隊の一人として厚木入りしている。自分でも、日本のことは全く無知でと口癖のように言っていらっしゃったが、どうしてなかなか、少なくとも英語で書かれた日本の機構についての資料や法律書は、片端から目を通していた。その当時四〇歳、凄い秀才で、物事の把握が早く、決断も早いという、参謀型にはうってつけの人だった。その割には、いつも気軽に誰とも言葉を交わし、すごいハンサムだということもあったが、私たち女性仲間にも人気があった」。

「マイロ・E・ラウエル陸軍中佐は……ホイットニー准将が民政局長に就任する前から法規課長として、日本の政党や民間の憲法学者と積極的に接触していた。民政局員のほとんどの人たちと同様に、彼は軍人を自分の本職と考えていなかった。フレズノに帰って弁護士をやろうというのを無理やり引き留めて憲法作成の仕事につかせたのも、ホイットニー准将だった」。

「彼は一月の中旬に、当時の進歩的グループの高野岩三郎、森戸辰男、鈴木安蔵らの憲法研究会の草案に好意的な説明をつけて報告している。その意味では、憲法に関しては民政局の中では抜きんでていた存在だった」。

運営委員会はどのような憲法原案を策定しようとしたのでしょうか。同書が明らかにしています。

「民政局には米国内では進歩的思想の持ち主といわれるニューディラーが多かったが、憲法草案に大きな影響力を持ったのは、ワイマール憲法とソビエト連邦憲法であった」。

「それぞれの人は、人権に関する理想像を持っている。私たちの仕事も、最高の理想に限りなく近づける作業だ。特に私は、日本の女性に最高の幸せを贈りたかった」。

「当時の民政局員たちは、私ばかりでなくみんな理想国家を夢見ていた。戦勝国の軍人とて、家族や恋人を失った人は多かった。私もその一人だし、みんな戦争には懲りていた」。

ベアテについては少し詳しく紹介します。ベアテ・シロタの父は、ロシア系のユダヤ人のレオ・シロタという有名なピアニストです。世界を演奏旅行しているとき作曲家の山田耕筰と知り合い、一九二八年、ちょうど戦争放棄に関する「パリ不戦条約」が締結された年、日本に演奏旅行にやってきて、そのまま一〇年間、東京音楽学校(現・東京芸術大学)の教授をしていました。ベアテ・シロタは、五歳から一五歳まで日本で暮らし、アメリカの女子大学(ミルズ・カレッジ)に進学します。戦争が始まると、ロシア系ユダヤ人の両親は軽井沢に拘留されてしまいます。そこでベアテは戦後、両親に会いたい一心で日本勤務を希望して来日し、民生局に入り、「人権に関する小委員会」で働きました。ベアテ・シロタは、この仕事が終わると帰国していたニューヨークの両親の元に戻ります。日本で知り合いとなり文通を続けていた民生局で通訳をしていたジョセフ・ゴードンと結婚し(一九四八年一月一五日)、ベアテ・シロタ・ゴードンとなります。

このような資質と傾向の人たちによって運営委員会は構成され、活動したのです。彼・彼女らが、憲法起草の考えかたを、ポツダム宣言と国連憲章においていることは当然です。しかも、日本に民主主義を樹立するだけでは不十分で、人類が達した人権や自由の理想を掲げて原案をつくることに専念していたであろうことは歴然です。ベアテが「憲法草案に大きな影響力を持ったのは、ワイマール憲法とソビエト連邦憲法であった」と記しているのは、特に重要です。

第6節　「五日市憲法草案の会」の活動

最後に、「五日市憲法草案の会」（略称：「五憲の会」）の活動についてふれます。

二〇一一年一一月に「五日市憲法草案の会」が結成されました。略称は「五憲の会」です。五日市憲法草案を日本の宝として広めることと「五日市憲法草案資料館（仮称）」を設置することを目標に活動しています。

五憲の会は、現地見学のガイドや講演の講師の派遣などをしています。これまでの案内は、一五〇団体（二三九五名）、講演が一九回（六〇七名）、合計で三〇〇〇名を超えました（二〇一六年三月二七日現在）。

第二次安倍晋三政権は、二〇一四年七月一日に閣議決定で憲法第九条の「戦争放棄」を死文化させる解釈改憲を強行しました。この閣議決定に基づいて昨年九月一九日には戦争法（安保関連法）を強行しました。最近は明文改憲を公言してはばかりません。これは憲法第九十九条の国務大臣の「憲法尊重擁護の義務」を踏みにじるものです。戦争ができる国にするためには、自由や人権が制限されることは戦前の教訓が示しています。

こうした危険な動き対して、日本国憲法の源流と評価される五日市憲法草を学び、憲法を守る運動の〝糧〟にしようという見学者が急増しています。

「五憲の会」はこれからも、五日市憲法草案を普及する活動で憲法を守る運動に参加してゆきます（見学のご相談は、042-595-0749・鈴木富雄まで）。

なお、本稿では紙数の都合で、自由民権運動がどうして起こったのか、一八八一（明治一四）年を中心に一〇〇以上の私擬憲法がつくられたが、その後の運動はどうなったのか、困民党との関係は、などに触れられませんでした。これらのことについては、昨年、刊行した『ガイドブック「五日市憲法草案」――日本国憲法の源流を訪ねる』（日本機関紙出版センター）で詳述しました。同書には、五日市憲法草案の全文と関係写真なども掲載してあります。合わせて参照していただければ幸いです。

あとがき

この小さな本を作った経過を明らかにする。旧知の西川伸一氏と近年交流している澤藤統一郎氏と、季刊『フラタニティ』を創刊する会議で同席する機会が生まれ、さらに練馬九条の会の集会で五日市憲法草案についての鈴木富雄氏の講演を聞き、三人に原稿の執筆をお願いした次第である。安倍晋三首相が壊憲策動を強めるなかで、壊憲を許さない闘いの一助になればと願う。

私は、一九六〇年の安保闘争のデモに高校二年生で参加し、六三年に上京していらい新左翼の労働者活動家として生きてきたが、そのために憲法について真正面から認識したのは二〇〇一年である（「憲法問題の重要性と方向」『連帯社会主義への政治理論』五月書房）。何という遅れ、と呆れるほかないが、日本共産党の副委員長を長く務めた上田耕一郎が「初めてのやや体系的な憲法論」（『戦争・憲法と常備軍』大月書店）を執筆したのが、その前年だと知れば、恥ずかしさも半減する。近年は「立憲主義」が流行り言葉になっている。だが、マルクス主義に近親的な憲法学者もいないわけではないが、日本の左翼は長いあいだ、憲法を軽視してきたのである。

この本に収録した論文を書きながら、あることに気づいた。どんな分野の研究者も自分が課題に設定した問題についての真理を探究し、その到達点を「これが真理だ」として発表する。難題だらけだから、真理の発見は超困難である。だが、真理を発見したと考える人間には、実はもう一つ重大な責務が課せられているはずである。その「真理」の範囲はどこで、どのくらい重要かについて、そしてどれほどの共通認識が形成されているのかという反省が必要なのである。

自然科学の場合には、発見された真理は科学技術に活かされ、その多くは直ちに万人がその恩恵にあずかることができるが、社会的事象の認識は価値判断と不可分であるがゆえに、利害得失や好悪が作用して、共通認識の形成はきわめて困難である。だから、真理を発見したと喜ぶだけではなく、それを共通認識にするための努力が大切なのである。

ところが、マルクスは『資本論』の「序言」を「なんじの道を進め、そして人々をして語るにまかせよ！」と結んだ。マルクスに傾倒する人は、力づよい警句として受け止めてきた。だが、この姿勢こそが錯誤だった。価値法則や賃労働・資本関係の解明は、真理への一歩であったが、それを〈人びとに理解してもらう〉ことをこそ真剣に追求しなくてはならないのである。

したがって、この小さな本で主張されているいくつかの論点についても、厳しい批判にさらされ、理解を広げてゆくことをこそ切望する。私を除く三人の活動分野もそれぞれであり、論著も少なくないので、それらに手を延ばすことを強く薦める。

二〇一六年四月六日　七三歳の日に　　村岡　到

村岡　到
1943年4月6日、神奈川県生まれ。
季刊『フラタニティ』編集長
澤藤統一郎
1943年8月、岩手県生まれ。
弁護士
西川伸一
1961年11月、新潟県生まれ。
明治大学教授
鈴木富雄
1940年4月21日、福島県生まれ。1967年より五日市在住
郷土史研究家、「五日市憲法草案の会」（略称「五憲の会」）事務局長、
あきる野九条の会よびかけ人

壊憲か、活憲か

2016年5月3日　初版第1刷発行

編　者　　村岡　到
発行人　　入村康治
装　幀　　入村　環
発行所　　ロゴス
〒113-0033　東京都文京区本郷2-6-11
TEL 03-5840-8525　FAX 03-5840-8544
URL http://logos-ui.org
印刷／製本　株式会社 Sun Fuerza

定価はカバーに表示してあります。ISBN978-4-904350-40-9　C0031